Charner | Murphy | Clark

155 Fünf-Minuten-Spiele für die Krippe

zum Sprechen, Fühlen, Entdecken und Bewegen

Verlag an der Ruhr

Titel der deutschen Ausgabe
155 Fünf-Minuten-Spiele für die Krippe
zum Sprechen, Fühlen, Entdecken und Bewegen

Titel der amerikanischen Originalausgabe
The Encyclopedia of Infant and Toddler Activities – *For Children Birth to 3*

© der amerikanischen Originalausgabe
2006 Gryphon House

Autoren
Kathy Charner, Maureen Murphy, Charlie Clark

Titelbildmotiv und Illustrationen
Anja Boretzki

Übersetzung
Rita Kloosterziel

Bearbeitung für Deutschland
Verlag an der Ruhr
Mülheim an der Ruhr
www.verlagruhr.de

Geeignet für die Altersstufen 1–3

Unser Beitrag zum Umweltschutz
Wir sind seit 2008 ein ÖKOPROFIT®-Betrieb und setzen uns damit aktiv für den Umweltschutz ein. Das ÖKOPROFIT®-Projekt unterstützt Betriebe dabei, die Umwelt durch nachhaltiges Wirtschaften zu entlasten.
Unsere Produkte sind grundsätzlich auf chlorfrei gebleichtes und nach Umweltschutzstandards zertifiziertes Papier gedruckt.

Ihr Beitrag zum Schutz des Urhebers
Das Werk und seine Teile sind urheberrechtlich geschützt. Jede Verwendung in anderen als den gesetzlich zugelassenen Fällen bedarf der vorherigen schriftlichen Einwilligung des Verlages. Im Werk vorhandene Kopiervorlagen dürfen vervielfältigt werden, allerdings nur für jeden Schüler der eigenen Klasse/ des eigenen Kurses. Die dazu notwendigen Informationen (Buchtitel, Verlag und Autor) haben wir für Sie als Service bereits mit eingedruckt. Diese Angaben dürfen weder verändert noch entfernt werden. Die Weitergabe von Kopiervorlagen oder Kopien an Kollegen, Eltern oder Schüler anderer Klassen/ Kurse ist nicht gestattet. Bitte beachten Sie die Informationen unter **schulbuchkopie.de**.
Der Verlag untersagt ausdrücklich das digitale Speichern und Zurverfügungstellen dieses Buches oder einzelner Teile davon im Intranet (das gilt auch für Intranets von Schulen und Kindertagesstätten), per E-Mail, Internet oder sonstigen elektronischen Medien. Kein Verleih. Zuwiderhandlungen werden zivil- und strafrechtlich verfolgt.

© Verlag an der Ruhr 2010
ISBN 978-3-8346-0713-3

Printed in Germany

Inhaltsverzeichnis

Ein paar Worte vorab............ 5

Sprechen

Hier sind deine Finger............ 8
Unterwegs im Raum............ 9
Papagei.................... 10
Meine Nase – deine Nase........ 11
Auf Farbensuche............. 12
Um den Kreis herum........... 13
Ich packe meinen Koffer......... 14
Kinder-Reimereien............ 15
Mein Baby.................. 16
Tag der Tiere............... 17
Hör' gut zu!................. 18
Suche die Bälle.............. 19
Leckereien................. 20
Wer macht „Muh"?............ 21
Womit putzt du dir die Zähne?..... 22
Fliegen, schwimmen und laufen.... 23
Was ist anders?.............. 24
Pizzabäcker................ 25
Unsere Scheune.............. 26
Auf dem Zeltplatz............. 27
Mein runder Freund............ 28
Schnapp-Finger.............. 29
Ferngucker................. 30
Bildergeschichten............ 31
Büchergeschichten........... 32
Farben sammeln............. 33
Bebilderte Fahrkarten.......... 34
Formen kneten............... 35
Klötzchen-Klanggeschichten...... 36
Tag und Nacht............... 37
Hungrige Fische.............. 38
Unser Zoo.................. 39
Wer wohnt wo?.............. 40

Fühlen

Streicheleinheiten............ 42
Greif zu!................... 43
Fußfühler.................. 44
Hin und her................. 45
Fühlwürfel.................. 46
Fühldecke.................. 47
Fühlbuch................... 48
Spiel mit Schwämmen.......... 49
Krabbeleien................ 50
Fühlbrett.................. 51
Roll, roll, roll............... 52
Hautfühlungen.............. 53
Wattebäusche-Kuscheltüte...... 54
Schwammformen............. 55
Schaumfiguren.............. 56
Gefühle-Buch............... 57
Fußspuren auf Papier.......... 58
In der Knete-Bäckerei......... 59
Schlangen-Schnippler......... 60
Klebe-Collagen.............. 61
Stoffmusterpärchen finden...... 62
Knallfolien-Druck............. 63
Fühlkiste.................. 64
Trommelwirbel.............. 65
Tiere im Sand............... 66
Herr Doktor................ 67
Spaß an der Filztafel.......... 68
Zauberbilder............... 69
Musikalische Bilder........... 70

Entdecken

Mit den Augen hinterher........ 72
Kuckuck................... 73
Frei-Zeit.................. 74
Wie die Sachen funktionieren..... 75
In welcher Hand?............. 76
Wo ist das Äffchen?........... 77
Überraschung............... 78
Deckel auf, Deckel zu!.......... 79
Mini-Maracas............... 80
Spieglein an der Wand.......... 81
Spiegel-Spiele.............. 82
Klammerrasseln............. 83
Lichtlein fangen............. 84
Stapelbecher............... 85
Such mich!................. 86
Flaschenzauber............. 87

Inhaltsverzeichnis

Küchenmusik 88	Das bewegt sich! 128
Ein Sachenbild 89	Wo ist das Spielzeug? 129
Wissenschaftler am Werk 90	Schaukelball. 130
Bunte Rosetten 91	Kleine Akrobaten. 131
Kleine Reißwölfe 92	Hügeliges Gelände. 132
Taktvoll 93	Hindernisparcours 133
An und aus 94	Fingerübung 134
Eimerspiele 95	Schmetterling, flieg! 135
Geräuscheraten 96	Fliegenklatscher. 136
Alle im Takt 97	Tauziehen. 137
Wassermalerei 98	Wippeleien. 138
Genau gleich 99	Rollball. 139
Hört ihr das? 100	Labyrinth 140
Flaschenschätze. 101	Seilbahn am Boden 141
Deckel-Sortiment. 102	Sockenpaar-Versteckspiel 142
Baustein-Sortiment 103	Bällespaß 143
Wer wohnt hier? 104	Komm, wir tanzen! 144
Baumforscher 105	Klatsch-Ballon 145
Große Wäsche 106	Spiegeltanz 146
Vogelsamen-Aktivitäten 107	Stopptanz 147
Spielsachen-Sortiment. 108	Hund und Katz. 148
Kunst am laufenden Meter 109	Erster Schwebebalken 149
Klopft mir nach!. 110	Sockenball 150
Ping-Pong-Bahn 111	Ballschubser. 151
Tierpaare 112	Hüpfkästchen. 152
Muffinblumen 113	Kegeln 153
Versteckte Bilder 114	Seifenkiste 154
Ei, Ei! 115	Schmetterlingssammlung 155
Befüllen und Ausgießen. 116	Meine kleine Straße. 156
Spritzbilder 117	Auf Eiswürfeljagd 157
Freunde angeln 118	Mit Ball und Zange 158
Formensammlung 119	Reifenwerkstatt. 159
Muster 120	Papiercollage. 160
Der Natur auf der Spur 121	Vorsicht, Krokodile! 161
Gras wachsen lassen 122	Puzzlerennen 162
Was schwimmt? 123	Im Seerosenteich 163
Röhrenmusik 124	Nachmacher. 164
	Dinotanz 165

Bewegen

Beinarbeit 126	
Bauchtraining 127	Medientipps. 166

Liebe Leserin,
lieber Leser,

als ErzieherIn in Krippe und Kindergarten oder als Tagesmutter bzw. Tagesvater tragen Sie entscheidend zu den Lernfortschritten Ihrer Kinder bei. Die **Erfahrungen** und **Erlebnisse**, die Sie Kindern ermöglichen, die **Lernanreize**, die Sie den Kleinen geben, legen den **Grundstein** für jedes weitere **Lernen**. Sie helfen den Kindern, ein Basiswissen herauszubilden, auf das sie später aufbauen können.

Die 155-5-Minuten-Spiele für die Krippe bieten daher Aktivitäten an, die zum Sprechen, Wahrnehmen und Fühlen, zum Erkunden, Ausprobieren und Staunen, zum Bewegen, Lachen und Spaßhaben einladen und so das kindliche Lernen fördern. Viele dieser **unaufwändigen Aktivitäten** lassen sich mit den normalen Abläufen im Alltag verbinden, so können Sie sie **spontan immer mal wieder zwischendurch** spielen, wenn die Kinder und Sie gerade Lust dazu haben.

Zu diesem Buch

Die 155 Spiele in diesem Buch sind in **vier Kapitel** aufgeteilt. Das erste Kapitel bietet Ideen rund um das **Sprechen**. Den Wortschatz der Kleinen zu erweitern, ihre Freude am Sprechen zu wecken, ihnen ein Gespür für Sprachrhythmus und Sprachmelodie zu vermitteln – das sind Aspekte, die sich in einigen Ideen dieses Kapitels wiederfinden.

Kinder entdecken ihre Welt über alle ihre Sinne, und gerade in den ersten Lebensjahren spielt dabei besonders der Tastsinn eine wichtige Rolle. Die Kleinen be-greifen ihre Welt im wortwörtlichen Sinne. Im zweiten Kapitel dreht sich daher alles ums **Fühlen**, Anfassen und Wahrnehmen. Doch geht es hier nicht allein um sinnliche Wahrnehmungserfahrungen. Überdies finden Sie in diesem Kapitel auch einige Spiele, die die Kleinen für die eigenen Gefühle sowie für den eigenen Körper sensibilisieren.

Ein paar Worte vorab…

Der Forscherdrang der Kleinsten ist enorm. Im dritten Kapitel finden Sie daher einen reichen Fundus an Anregungen, die das Wissen der Kinder erweitern, sie zum **Entdecken**, Erkunden und Ausprobieren anregen und die ihre Neugier und Fantasie wecken. Einige Aktivitäten vermitteln zudem auch erste mathematische Grunderfahrungen.

Von Anfang an brauchen Kinder **Bewegung**, damit ihre Muskeln gut ausgebildet werden und die Koordination der einzelnen Körperteile funktioniert. Das vierte Kapitel beinhaltet Anregungen, mit denen Sie die die Bewegungsfreude der Kleinen wecken und gleichzeitig die Fein- und Grobmotorik sowie das Körper- und Rhythmusgefühl und die Koordination der Kinder fördern können.

Zu jedem Spiel finden Sie **Altersangaben**. Daran können Sie sich orientieren, doch kennen Sie Ihre Kinder selbst natürlich am besten und wissen, was Sie ihnen zutrauen können. Deswegen sollten Sie bei der Auswahl der Spiele immer den individuellen Entwicklungsstand des Kindes im Blick haben – und natürlich seine persönlichen Spielvorlieben.

Falls Sie für ein Spiel **Materialien** benötigen, finden Sie diese aufgelistet. Das Material ist so ausgewählt, dass die Kinder damit keiner Gefahr ausgesetzt werden. Dennoch ist immer Ihre Aufmerksamkeit gefragt. Bis zum Alter von drei Jahren stecken Kinder vieles in den Mund, auch Spielzeuge. Daher besteht in dieser Lebensphase die größte Erstickungsgefahr. Einige Male werden kleinere Dinge verwendet. Haben Sie die Kinder hier immer genau im Blick.

In den **Spielanleitungen** selbst finden Sie einen chronologischen Ablauf der jeweiligen Idee mit kleinen Tipps und Variationsmöglichkeiten. Sicher ergeben sich aber aus einer individuellen Spielsituation immer auch noch weitere Ideen. Nur Mut! Spielen Sie die Spiele genau so, wie sie Ihnen und den Kindern Freude machen …

Dabei wünschen wir Ihnen nun viel Spaß!

Sprechen

155 Fünf-Minuten-Spiele für die Krippe …

Für 3–12 Monate

Sprechen

Hier sind deine Finger

Das fördern Sie:

Wortschatz, Sprachrhythmus und Sprachmelodie

So geht es:

- Sprechen Sie dem Kind den folgenden Reim vor, oder lassen Sie es mitsprechen, wenn es das schon kann. Zeigen Sie auf die Körperteile, die im Reim vorkommen.

  Hier sind deine Finger, hier sind deine Zehen.
  Hier ist deine Nase, die kann ich sehen.

- Ersetzen Sie „Nase" durch andere Körperteile:

  Hier sind deine Finger, hier sind deine Zehen.
  Hier ist dein Mund, den kann ich sehen.

  Hier sind deine Finger, hier sind deine Zehen.
  Hier sind deine Augen, die kann ich sehen.

- Wiederholen Sie das Spiel, solange das Kind noch daran interessiert ist.

Für 3–12 Monate

Unterwegs im Raum

Das fördern Sie:

Wortschatz, Aufmerksamkeit, visuelle Wahrnehmung, körperliche Nähe

So geht es:

- Nehmen Sie ein Baby auf den Arm, und lassen Sie es sein Köpfchen auf Ihre Schulter legen.
- Gehen Sie langsam durch den Raum.
- Stellen Sie sich neben etwas Interessantes, z.B. ein Mobile, sodass das Baby es sehen kann.
- Sprechen Sie über das, was das Baby sehen kann: *„Sieh dir mal dieses glänzende Mobile an. Sieh dir die Farben an. Hier ist Rot, und das ist Gelb."*
- Lassen Sie das Kind vier oder fünf Sachen sehen, oder machen Sie so lange weiter, bis sein Interesse nachlässt.

Sprechen

... zum Sprechen, Fühlen, Entdecken und Bewegen

Für 4–12 Monate

Papagei

Sprechen

Das fördern Sie:

Sprechfreude, Artikulation, Hörfähigkeit, Kommunikationsfähigkeit

So geht es:

- Sobald ein Kind anfängt, zu lautieren, z.B. „ba, ba, ba" sagt, machen Sie es nach. Sagen Sie ebenfalls: „Ba, ba, ba." Bald wird das Kind anfangen, diese Laute zu wiederholen, nur um Ihre Antwort zu hören.

- Wenn das „ba, ba, ba" ein paar Mal hin und her gegangen ist, versuchen Sie es mit einer anderen Lautfolge, z.B. „ma, ma, ma". Wenn das Kind Interesse zeigt, probieren Sie Lautvariationen aus, z.B. „me, me, me", „la, la, la", „da, da, da" und „go, go, go".

- Geben Sie dem Kind die Gelegenheit, selbst Laute ins Spiel zu bringen. Dies ist eine Möglichkeit, auf lustige Weise mit Lauten zu experimentieren und schließlich sprechen zu lernen.

Für 8–18 Monate

Meine Nase – deine Nase

Sprechen

Das fördern Sie:

Wortschatz (insbesondere die Unterscheidung zwischen den Pronomen „mein" und „dein"), Sprechfreude, Körperbewusstsein

So geht es:

- Setzen Sie sich einem Kind gegenüber.
- Fragen Sie das Kind: „Wo ist deine Nase?"
- Lassen Sie das Kind seine Nase mit dem Finger berühren.
- Fragen Sie: „Wo sind meine Ohren?", „Wo sind deine Ohren?", „Wo sind deine Augen?" usw.
- Betonen Sie die wichtige Unterscheidung zwischen „meine Augen" und „deine Augen".

Variante:

Variieren Sie das Spiel mit den verschiedenen Körperteilen, und spielen Sie es auch mit zwei, drei oder mehr Kindern. So können Sie zusätzlich noch die Unterscheidung der beiden Wörter „euer" und „unser" einbeziehen.

… zum Sprechen, Fühlen, Entdecken und Bewegen

Für 12–24 Monate

Auf Farbensuche

Sprechen

Das fördern Sie:

Farbenkenntnisse, Hörverständnis, visuelle Wahrnehmung

Das brauchen Sie:

farbige Gegenstände im Gruppenraum

So geht es:

- Zeigen Sie dem Kind einen Gegenstand, und nennen Sie seine Farbe.
- Ermuntern Sie das Kind, einen anderen Gegenstand im Zimmer zu suchen, der die gleiche Farbe hat. Bieten Sie ihm Hilfe an, wenn es nötig ist.
- Loben Sie das Kind, wenn es Ihnen einen Gegenstand in der gleichen Farbe bringt.
- Machen Sie mit dieser Farbe weiter, und bitten Sie das Kind, einen weiteren Gegenstand in der gleichen Farbe zu suchen.

Varianten:

- Bringen Sie eine andere Farbe ins Spiel, und spielen Sie das Spiel noch einmal.
- Sie können das Spiel auch mit mehreren Kindern spielen. Dann dürfen entweder alle Kinder nach einem Gegenstand derselben Farbe suchen, oder Sie lassen die Kinder nach Gegenständen in unterschiedlicher Farbe suchen.

Für 12–24 Monate

Um den Kreis herum

Das fördern Sie:

Wortschatz (insbesondere die Bedeutung der Präpositionen um … herum und in), mathematische Grunderfahrung, Grobmotorik

Das brauchen Sie:

Klebeband oder Seile

So geht es:

- Markieren Sie mit Klebeband oder Seilen große Formen auf dem Boden: einen großen Kreis, ein Quadrat und ein Dreieck.

- Nehmen Sie ein Kind auf den Arm oder bei der Hand, und gehen Sie auf den Umrisslinien entlang. Singen Sie dabei:

    *Wir gehen, wir gehen, wir gehen **um** den Kreis (das Quadrat, das Dreieck) herum.*

- Gehen Sie ein zweites Mal herum, und sprechen Sie den Vers. Steigen Sie beim Abschluss des Verses in die Form hinein. Betonen Sie beim Sprechen das Wort „in".

    Wir gehen, wir gehen, wir gehen in den Kreis (das Quadrat, das Dreieck).

Variante:

Noch mehr Freude macht es den Kindern, wenn Sie Ihre Gangart variieren und dabei etwas übertreiben. Machen Sie Riesenschritte, Trippelschrittchen oder gleitende Schritte.

… zum Sprechen, Fühlen, Entdecken und Bewegen

Sprechen

Für 12–24 Monate

Ich packe meinen Koffer

Sprechen

Das fördern Sie:

Wortschatz, Sprechfreude, Feinmotorik

Das brauchen Sie:

1 kleinen Koffer, Kleidungsstücke oder Puppenkleider, diverse „Reiseutensilien", die man in den Koffer packen kann

So geht es:

- Kleine Kinder lieben es, Sachen ein- und auszupacken. Geben Sie ihnen einen Koffer und eine Auswahl an Kleidungsstücken und anderen Reiseutensilien, wie Hemden, Hosen, Socken, Kämme und Bürsten.

- Lassen Sie die Kinder diese Sachen nach Herzenslust in den Koffer räumen und wieder herausnehmen. Jedes Kind kann einen Gegenstand wählen, der in den Koffer kommt.

- Fragen Sie die Kinder, ob sie die Sachen benennen können, die sie in den Koffer legen. Wenn ein Kind das richtige Wort nicht kennt, nennen Sie den Begriff und ermuntern es, das Wort zu wiederholen.

Tipp:

Üben Sie mit den Kindern das Schließen und Öffnen des Koffers, damit sie sich nicht verletzen.

Für 12–36 Monate

Kinder-Reimereien

Sprechen

Das fördern Sie:

Wortschatz, Sprachrhythmus und Sprachmelodie; Selbstwertgefühl

So geht es:

- Wenn Sie mit einem einzelnen Kind zu tun haben, denken Sie sich kleine Reime aus, in denen der Name des Kindes vorkommt.
- Drücken Sie positive Eigenschaften der Kinder in Reimen aus. Hier sind ein paar Beispiele:

*(Name des Kindes), jetzt bist du noch klein.
Doch bald wirst du groß und kräftig sein.*

*(Name des Kindes) lacht immer so schön,
und alle wollen sein/ihr Lachen sehn.*

*(Name des Kindes) hat Augen, hell und klar.
Sie strahlen immer ganz wunderbar.*

*(Name des Kindes) kann hüpfen und springen, und wenn er/sie froh ist,
dann hört man ihn/sie singen.*

… zum Sprechen, Fühlen, Entdecken und Bewegen

Für 18–30 Monate

Sprechen

Mein Baby

Das fördern Sie:

Wortschatz, Sprechfreude

Das brauchen Sie:

Puppen, Zubehör für Puppen, wie z.B. Puppenbett, Puppenkleidung, Decken, Kamm, Löffel, Zahnbürsten

So geht es:

- Nehmen Sie eine Puppe, und machen Sie vor, wie man sie versorgt. Sagen Sie Sachen wie: „Das Baby hat Hunger. Komm, wir füttern es." Geben Sie der Puppe dann mit einem Löffel imaginären Brei aus einer Schüssel.

- Beschreiben Sie alles, was Sie tun. Sagen Sie z.B.: „Ich glaube, das Baby ist müde. Legen wir es ins Bett."

- Lassen Sie die Puppe nach dem Essen auch das obligatorische Bäuerchen machen, wickeln Sie sie, ziehen Sie sie um, kämmen Sie sie, putzen Sie ihr die Zähne, singen Sie ihr etwas vor, und gehen Sie mit ihr spazieren. Sagen Sie immer dazu, was Sie gerade tun.

- Lassen Sie das Kind bei allen Dingen helfen, oder lassen Sie es seine eigene Puppe zum Mitspielen holen.

Tipp:

Spielen Sie das Spiel zur Schlafenszeit: Geben Sie jedem Kind eine Puppe, die fürs Zubettgehen fertig gemacht werden muss, und lassen Sie sie sich zum Schlafen neben die Puppe legen.

155 Fünf-Minuten-Spiele für die Krippe ...

Für 18–36 Monate

Tag der Tiere

Das fördern Sie:

Wortschatz, Sprechfreude

Das brauchen Sie:

Stofftiere (bringen die Kinder von zu Hause mit), alte Bettlaken, Decken, Schüsseln, Spielzeug für Haustiere

So geht es:

- Die Kinder zeigen einander ihre Tiere.
- Statten Sie die Kinder mit allen möglichen Utensilien aus, sodass sie ihre Lieblinge angemessen versorgen, sie zu Bett bringen, füttern und mit ihnen spielen können.
- Sprechen Sie mit den Kindern darüber, was sie tun und warum sie es tun.

Tipp:

Geben Sie den Kindern am Tag vor dem „Tag der Tiere" eine Notiz für die Eltern mit, und erinnern Sie daran, dass sie ihren Kindern am nächsten Tag ihre Lieblingsstofftiere mitgeben. Sorgen Sie vorsichtshalber dafür, dass Sie ein paar zusätzliche Stofftiere haben, falls Kinder vergessen, welche mitzubringen.

Sprechen

... zum Sprechen, Fühlen, Entdecken und Bewegen

Für 18–36 Monate

Sprechen

Hör' gut zu!

Das fördern Sie:

Wortschatz, Hörfähigkeit, Aussprache

Das brauchen Sie:

kleine Plastiktiere

So geht es:

- Stellen Sie die Plastiktiere auf einen kleinen Tisch, und lassen Sie die Kinder damit spielen.

- Machen Sie die typischen Laute eines der Tiere nach, die auf dem Tisch verteilt sind. Lassen Sie die Kinder nach dem Tier suchen, das so klingt. Wenn ihnen das nicht gelingt, fragen Sie direkt nach diesem Tier und bitten die Kinder, es Ihnen zu geben.

- Ermuntern Sie die Kinder, die Tierlaute nachzumachen und die Tiernamen zu sagen.

- Machen Sie weiter, bis alle Tiere einem Tierlaut zugeordnet sind.

Für 18–36 Monate

Suche die Bälle

Das fördern Sie:

Wortschatz, Hörverständnis, visuelle Wahrnehmung, mathematische Grunderfahrung

Das brauchen Sie:

je 2 gleiche Gegenstände, z.B. Bälle, Löffel, Spielfiguren

So geht es:

- Legen Sie mehrere Gegenstände gleichzeitig aus. Jeder Gegenstand sollte zweimal vorhanden sein.
- Sagen Sie: *„Suche die Bälle."* Lassen Sie jeweils ein Kind ein Paar suchen.
- Wenn ein Kind ein Paar gefunden hat, ist das nächste Kind an der Reihe.
- Lassen Sie einige Gegenstände zunächst aus dem Spiel, sodass Sie etwas zum Austauschen haben, wenn die Sachen, die Sie zuerst ausgelegt haben, für die Kinder zu einfach werden.
- Ermuntern Sie die Kinder, die Sachen zu benennen, die sie gefunden haben. Sprechen Sie mit ihnen darüber, wie man sie verwendet.

Variante:

Sie können es für die Kinder noch ein bisschen schwieriger machen, indem Sie nicht immer nur zwei gleiche Gegenstände verwenden, sondern manchmal auch drei oder vier. Lassen Sie die Kinder die Gegenstände dann auch zählen.

… zum Sprechen, Fühlen, Entdecken und Bewegen

Für 18–36 Monate

Leckereien

Sprechen

Das fördern Sie:

Wortschatz, mathematische Grunderfahrung

Das brauchen Sie:

kleine Häppchen, 1 Muffinblech

So geht es:

- Legen Sie unterschiedliche Häppchen in die Vertiefungen eines Muffinblechs.
- Benennen Sie die einzelnen Häppchen, während Sie ein Kind ermuntern, sich etwas auszusuchen.
- Erlauben Sie dem Kind, selbst Häppchen auf dem Muffinblech zu verteilen und zu sortieren.

Variante:

Dieses Spiel lässt sich sehr gut zu einem interessanten Sortierspiel erweitern. Verwenden Sie dazu Lebensmittel, die sich gut nach einem bestimmten Merkmal sortieren lassen, z.B. lassen sich Obst und Gemüsestücke sehr gut nach Farben sortieren.

Das ist wichtig:

Nehmen Sie für dieses Spiel ausschließlich Lebensmittel, die auf das Alter der Kinder abgestimmt und mit den Eltern abgesprochen sind.

Für 18–36 Monate

Wer macht „Muh"?

Das fördern Sie:

Wortschatz, Hörfähigkeit

Das brauchen Sie:

Bauernhoftiere aus Stoff, Plastik oder Holz; 1 Tuch

So geht es:

- Lassen Sie die Kinder mit den Tieren spielen.
- Wenn die Kinder die Tiere erkundet haben, nehmen Sie ein Tier weg und verstecken es unter dem Tuch.
- Machen Sie ein typisches Geräusch für dieses Tier, z.B. „muh".
- Fragen Sie die Kinder, welches Tier solch ein Geräusch macht. Lassen Sie ihnen Zeit zum Überlegen. Wenn Sie das Gefühl haben, dass die Kinder allein nicht weiterkommen, geben Sie Tipps, z.B.: *„Das Tier hat Hörner auf dem Kopf."*
- Wenn die Kinder das richtige Tier erraten haben, holen Sie es unter dem Tuch hervor und fahren mit einem anderen Tier fort.

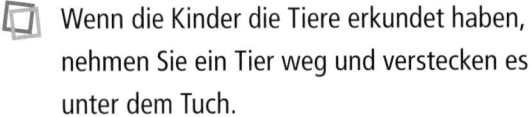

Sprechen

... zum Sprechen, Fühlen, Entdecken und Bewegen

Für 24–36 Monate

Womit putzt du dir die Zähne?

Sprechen

Das fördern Sie:

Wortschatz, visuelle Wahrnehmung, Kreativität

Das brauchen Sie:

eine Auswahl unterschiedlicher Alltagsgegenstände (Zahnbürste, Löffel, Becher usw.)

So geht es:

- Setzen Sie sich zu dem Kind, und zeigen Sie ihm einige der Gegenstände.
- Geben Sie dem Kind Zeit, die Gegenstände zu erkunden.
- Stellen Sie Fragen zu den einzelnen Gegenständen, z.B.: „Womit putzt du dir die Zähne?"
- Das Kind kann als Antwort z.B. „Zahnbürste" sagen, oder es nimmt die Zahnbürste aus der Ansammlung von Gegenständen heraus oder zeigt auf sie.

Variante:

Fragen Sie auch lustige Sachen, die das Kind anregen, etwas nachzudenken, z.B.: „Womit kannst du eine Spinne fangen?" Hier könnte das Kind beispielsweise den Becher als Antwort nennen.

Tipp:

Dieses Spiel macht den Kindern besonders in der Gruppe sehr viel Spaß.

Für 24–36 Monate

Fliegen, schwimmen und laufen

Sprechen

Das fördern Sie:

Wissen über Tiere und Lebensräume, Feinmotorik

Das brauchen Sie:

Zeitschriften, Filzstifte, große Bögen Bastelpapier, Flüssigklebstoff oder Klebestifte, Kinderschere, Schere

So geht es:

- Schreiben Sie mit Filzstift die folgenden Überschriften auf drei große Bögen Bastelpapier: Fliegen, Schwimmen, Laufen. Zeichnen Sie dazu den passenden „Lebensraum", z.B. Wolkenhimmel, Wasser, Erde und Steine.

- Lassen Sie die Kinder in Zeitschriften nach Tierbildern suchen. Helfen Sie ihnen, die Bilder auszuschneiden oder auszureißen.

- Sortieren Sie mit den Kindern die Tierbilder nach der Art der Fortbewegung, und lassen Sie sie die Tiere benennen. Sagen Sie dann auch immer wieder ganz deutlich, wie sich das Tier fortbewegt, z.B.: *„Das ist ein Ente, und die Ente kann schwimmen. Deswegen kleben wir sie hier hin, denn hier kommen alle Tiere hin, die schwimmen können."*

- Lassen Sie die Kinder die Bilder den entsprechenden Papierbögen zuordnen und mit Klebestift aufkleben.

Tipp:

Hängen Sie die Plakate so an die Wand, dass die Kinder sie gut sehen können. Regen Sie Gespräche der Kinder über die verschiedenen Tierarten an.

... zum Sprechen, Fühlen, Entdecken und Bewegen

Für 24–36 Monate

Was ist anders?

Sprechen

Das fördern Sie:
Begriffsbildung, Wortschatz

Das brauchen Sie:
eine Auswahl kleiner Spielzeuge und andere kleine Gegenstände

So geht es:

- Legen Sie drei Sachen auf einen Tisch, z.B. einen Zug, ein Auto und ein Flugzeug. Legen Sie noch etwas dazu, das nicht zu den anderen beiden Sachen passt, z.B. eine Zahnbürste.

- Die Kinder sehen sich die Sachen auf dem Tisch an und benennen die Gegenstände. Fragen Sie dann, welcher der vier Gegenstände nicht zu den anderen passt. Helfen Sie mit zusätzlichen Fragen: *„Kann man in einem Auto verreisen?", „Kann man ... in einer Zahnbürste verreisen?"* Die Kinder werden die ersten Fragen mit einem vernehmlichen *„Ja!"* beantworten, die letzte mit einem Lachen und einem lauten *„Nein!"*

- Sagen Sie dann: *„Dann ist die ...* (geben Sie den Kindern Gelegenheit, das Wort Zahnbürste einzuwerfen) *anders als die anderen Sachen."*

Tipp:
Heben Sie diese Entdeckung noch hervor, indem Sie die drei zusammengehörigen Sachen zu einer klar abgegrenzten Gruppe machen und sagen: *„In denen können wir verreisen, aber in einer Zahnbürste können wir nicht verreisen."*

155 Fünf-Minuten-Spiele für die Krippe ...

Für 24–36 Monate

Pizzabäcker

Das fördern Sie:

Wortschatz, Sprechfreude, Feinmotorik

Das brauchen Sie:

1 großes rundes oder quadratisches Stück Fotokarton in hellbraun, Sachen zum Aufkleben (Flaschendeckel, Wolle, Papierstückchen, Stoffreste), Klebestifte, Kinderscheren

So geht es:

- Versammeln Sie die Kinder um das große Stück Fotokarton. Zeigen Sie ihnen die Sachen, mit denen die „Pizza" belegt werden soll.

- Fragen Sie die Kinder, welche Sorte Pizza sie am liebsten mögen und welchen Belag sie besonders lecker finden.

- Zeigen Sie den Kindern die Sachen, die Sie zum Bekleben der Pizza mitgebracht haben. Erklären Sie ihnen, dass Sie nun gemeinsam so tun werden, als ob sie eine Pizza backen: Rotes Papier wird die Soße, gelbe Wollschnipsel sind der Käse usw.

- Ermuntern Sie die Kinder, Sachen auf den Plakatkarton zu kleben. Zeigen Sie ihnen, wie man erst die Soße, dann den Käse usw. verteilt und aufklebt.

- Wenn die „Pizza" fertig ist, schneiden Sie sie in viele Teile und geben Sie jedem Kind eines. Lassen Sie die Kinder versuchen, die Teile zu zählen.

Sprechen

Für 24–36 Monate

Sprechen

Unsere Scheune

Das fördern Sie:

Feinmotorik, Wortschatz, Sprechfreude, Kreativität

Das brauchen Sie:

1 großen Pappkarton, Teppichmesser, Fingerfarben, Pinsel, Bauernhoftiere aus Stoff oder Plastik

So geht es:

- Lesen Sie den Kindern ein Bilderbuch zum Thema Bauernhof vor, und schlagen Sie vor, eine kleine Scheune zu bauen.
- Zeigen Sie Bilder von Scheunen, oder machen Sie einen Ausflug zu einer Scheune, damit die Kinder eine Vorstellung davon bekommen, wie Scheunen aussehen können und wofür sie genutzt werden.
- Schneiden Sie ein Tor und Fenster in den Karton.
- Lassen Sie die Kinder die Scheune mit Fingerfarben anmalen.
- Helfen Sie ihnen, typische Merkmale einer Scheune hinzuzufügen.
- Regen Sie Gespräche über Tiere an, die normalerweise auf einem Bauernhof leben. Überlegen Sie gemeinsam, was die Tiere fressen.
- Basteln Sie mit den Kindern „Futter" für die Spieltiere, und lagern Sie es in der Scheune, damit die Kinder jederzeit dort ihre Tiere „füttern" können.

Für 24–36 Monate

Auf dem Zeltplatz

Das fördern Sie:

Wortschatz, Sprechfreude, Fantasie, Sozialverhalten

Das brauchen Sie:

1 großen Bogen blaues Papier oder 1 blauen Müllsack, Plastik- oder Papierfische, ein einfaches Zelt oder großes Tuch und 2 Stühle, Taschenlampen, Fernglas, Rucksäcke, Spielzeugangel, leere Verpackungen für Lebensmittel und was man sonst alles zum Zelten brauchen könnte …

So geht es:

- Legen Sie einen langen Streifen blaues Papier auf dem Boden aus. Das ist der Fluss. Legen Sie ein paar Plastikfische darauf.
- Bauen Sie ein Zelt auf, und sprechen Sie mit den Kindern über die Vorräte, die man mitnehmen sollte, wenn man zelten geht.
- Lassen Sie die Kinder in Zweier-, Dreier- oder Viergruppen das Zelt und die Vorräte erkunden.
- Spielen Sie mit den Kindern typische Szenen auf einem Zeltplatz durch, damit sie einen Eindruck davon bekommen, wie es beim Zelten ist.
- Bringen Sie weitere Materialien ins Spiel, wenn die Kinder Interesse an dem Thema zeigen.

Sprechen

… zum Sprechen, Fühlen, Entdecken und Bewegen

Für 24–36 Monate

Mein runder Freund

Sprechen

Das fördern Sie:

Wortschatz, Sprechfreude, Kreativität, Feinmotorik

Das brauchen Sie:

Tennisbälle, ein Teppichmesser, Filzschreiber oder Marker

So geht es:

- Schneiden Sie einen 7,5 cm langen Schlitz in jeden Tennisball. Am besten bereiten Sie diesen Schritt vor, bevor die Kinder eintreffen.
- Geben Sie jedem Kind einen Tennisball. Lassen Sie sie einen Mund um den Schlitz malen. Wer mag, darf seinem Ballfreund auch Augen, Nase und Ohren aufmalen.
- Ermuntern Sie die Kinder, ihren Bällen Namen zu geben.
- Zeigen Sie ihnen, wie sie die Tennisbälle an den Seiten zusammendrücken und damit den Mund bewegen können. So können sie sie auch zum „Reden" bringen.
- Mit der anderen Hand tun die Kinder so, als würden sie die Bälle füttern.
- Ermuntern Sie die Kinder nun, ihren runden Ballfreund sprechen zu lassen. Sie könnten ihn z.B. erzählen lassen, was er gerne mag und was er nicht so gerne mag, welches Spiel er gerne spielt und welches Essen er am liebsten mag.

Für 24–36 Monate

Schnapp-Finger

Das fördern Sie:

Feinmotorik, Sprechfreude, Wortschatz, Feinmotorik

Das brauchen Sie:

Bilder von Gegenständen, aus Zeitungen und Zeitschriften ausgeschnitten; 1 Tüte

So geht es:

- Legen Sie die Bilder in die Tüte.
- Bitten Sie die Kinder, sich im Kreis auf den Boden zu setzen.
- Zeigen Sie ihnen, wie man mit den Fingern schnappen kann, indem man seinen Daumen und die restlichen Finger auf und zu macht.
- Nacheinander greifen die Kinder mit ihren schnappenden Fingern in die Tüte, ziehen ein Bild hervor und sagen z.B.: „*Ich schnappe mir einen Dinosaurier.*"

Varianten:

- Spielen Sie das Spiel mit kleinen Spielzeugen statt der Bilder.
- Spielen Sie das Spiel auch mit kleinen Kugeln, Muggelsteinen und ähnlichen kleinen Dingen, die recht schwierig zu schnappen sind.

Sprechen

… zum Sprechen, Fühlen, Entdecken und Bewegen

Für 24–36 Monate

Ferngucker

Sprechen

Das fördern Sie:

Sprechfreude, Wortschatz, bewusstes Betrachten, Feinmotorik

Das brauchen Sie:

Toilettenpapierrollen, Tempera- oder Acrylfarben, Klebeband, Schnur, einen spitzen Stift oder eine spitze Schere

So geht es:

- Helfen Sie den Kindern, Ferngläser zu basteln. Dazu lassen Sie jedes Kind zwei Pappröhren bunt bemalen.
- Befestigen Sie die beiden Pappröhren mit Klebeband zu zwei parallelen Röhren nebeneinander.
- Stechen Sie jeweils ein Loch an die Außenseite der Pappröhren (mit der spitzen Schere oder einem spitzen Stift).
- Fädeln Sie ein Stück Schnur durch die Löcher, und sichern Sie die Enden durch Knoten.
- Ermuntern Sie die Kinder, den Gruppenraum durch die Ferngläser zu betrachten und zu beschreiben, was sie sehen.

Tipp:

Machen Sie einen Ausflug mit den Kindern, bei dem die Ferngläser zum Einsatz kommen. Die Kinder dürfen dann während des Ausflugs oder auch im Anschluss daran berichten, was sie alles gesehen haben.

Für 24–36 Monate

Bildergeschichten

Das fördern Sie:

Wortschatz, Sprechfreude, Kreativität, Feinmotorik

Das brauchen Sie:

Papier, Wachsmalkreiden

So geht es:

- Lassen Sie die Kinder ein Bild malen. Machen Sie keine Vorgaben zu den Farben oder Motiven.
- Wenn ein Kind mit seinem Bild fertig ist, bitten Sie es, Ihnen etwas über das Bild zu erzählen.
- Loben und werten Sie nicht, sondern fragen Sie nach. Wiederholen Sie das Gesagte zusammenfassend, z.B.: *„Du hast eine Wiese gemalt und eine Kuh, die auf den Bauern wartet."*

Tipp:

Das Sprechen über die eigenen Bilder erweitert nicht nur den Wortschatz der Kinder. Es ist auch ein ganz willkommener Anlass, stillere Kinder zu ermutigen, sich zu äußern. Durch Ihre Aufmerksamkeit fühlen sich die Kinder wahrgenommen und spüren Ihre Wertschätzung.

... zum Sprechen, Fühlen, Entdecken und Bewegen

Für 24–36 Monate

Büchergeschichten

Sprechen

Das fördern Sie:
Wortschatz, Sprechfreude, Konzentration, Kommunikationsfähigkeit

Das brauchen Sie:
verschiedene Bilderbücher

So geht es:

- Zeigen Sie auf die Bilder in einem Buch, und bitten Sie die Kinder, die Bilder zu beschreiben.

- Stellen Sie dem Kind viele Fragen zu den Bildern.

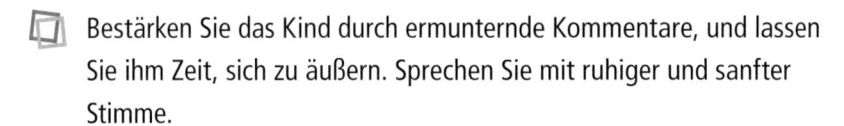

- Bestärken Sie das Kind durch ermunternde Kommentare, und lassen Sie ihm Zeit, sich zu äußern. Sprechen Sie mit ruhiger und sanfter Stimme.

- Diese Aktivität hilft den Kindern, in eine Unterhaltung zu finden, und fördert ihre sprachliche Entwicklung.

Für 24–36 Monate

Farben sammeln

Das fördern Sie:

Farben kennen und benennen, Wortschatz, Sprechfreude

Das brauchen Sie:

ein Buch zum Thema Farben, Körbe (so klein, dass die Kinder sie tragen können), mehrere Sachen in derselben Farbe

So geht es:

- Lesen Sie mit dem Kind ein Buch zum Thema Farben.
- Sprechen Sie mit dem Kind über Farben. Lassen Sie es erzählen, was es schon über Farben weiß, und fassen Sie am Schluss die Ergebnisse zusammen.
- Schlagen Sie dem Kind vor, einen oder mehrere Gegenstände in einer bestimmten Farbe in ihren Korb zu legen.
- Wenn es einen oder zwei Gegenstände gefunden hat, helfen Sie ihm, über die Sachen zu sprechen, die es in seinem Korb gesammelt hat.
- Bitten Sie das Kind, die Sachen dorthin zurückzubringen, wo es sie gefunden hat.

Sprechen

... zum Sprechen, Fühlen, Entdecken und Bewegen

Für 24–36 Monate

Bebilderte Fahrkarten

Sprechen

Das fördern Sie:

Wortschatz, Sprechfreude

Das brauchen Sie:

Bilder (z.B. aus Zeitungen, Fotos oder selbst gemalt); mindestens 20 Karten aus Tonkarton (ca. 10 x 5 cm) zum Aufkleben der Bilder

So geht es:

- Basteln Sie bebilderte Kartenpaare. Dazu kleben Sie Fotos oder gemalte Bilder von Katzen, Bällen, Äpfeln usw. auf die Tonkartonkarten und schreiben den entsprechenden Begriff unter jedes der beiden Bilder.
- Verteilen Sie einen Satz der Karten weiträumig auf dem Boden.
- Geben Sie dann jedem Kind eine Bildkarte. Erklären Sie den Kindern, dass diese Karten ihre „Fahrkarten" seien. Sie sollen zu dem Platz reisen, wo das passende Gegenstück zu ihrer Karte liegt.
- Wenn Sie „Los!" sagen, suchen die Kinder den Boden nach dem Gegenstück zu ihrer Karte ab und bleiben neben der betreffenden Karte stehen, sobald sie das passende Gegenstück darauf gefunden haben.
- Haben alle Kinder ihren Platz gefunden, ermuntern Sie sie, zu zeigen oder zu erklären, welches Bild sie gesucht und gefunden haben.
- Geben Sie jedem Kind eine neue Karte, und spielen Sie das Spiel noch einmal.

Für 24–36 Monate

Formen kneten

Das fördern Sie:

Wortschatz, erste Kontakte mit Schriftsprache, Feinmotorik, mathematische Grunderfahrung

Das brauchen Sie:

Ton oder Knete, DIN-A4-Papier, Filzstifte

So geht es:

- Bereiten Sie für jedes Kind ein Blatt Papier vor, indem Sie eine Form darauf zeichnen, z.B. einen Kreis, ein Dreieck oder aber Buchstaben.
- Geben Sie jedem Kind ein Blatt mit einer Form, und sagen Sie dem Kind, wie die Form heißt. Benennen Sie auch die Buchstaben.
- Lassen Sie die Kinder Schlangen aus Knete oder Ton formen.
- Helfen Sie den Kindern, die Schlangen auf die Buchstabenvorlage zu legen, bis sie ihre Form nachgelegt haben.

Variante:

Ermuntern Sie die Kinder dazu, die Form auch noch als Fläche nachzukneten (eine Kreisfläche könnten die Kinder z.B. aus Schlangen, die schneckenförmig zu einem Ring gelegt werden, herstellen). Zeigen Sie den Kindern an einem Beispiel, wie es geht.

Sprechen

Für 24–36 Monate

Klötzchen-Klanggeschichten

Sprechen

Das fördern Sie:

Hörverständnis, Wortschatz, Konzentration, Zählfähigkeit

Das brauchen Sie:

ein Geschichtenbuch oder eine Geschichte, die Sie frei erzählen; eine Kiste mit großen Bausteinen

So geht es:

- Geben Sie jedem Kind zwei Bausteine, und bitten Sie die Kinder, sich in einen Kreis zu setzen.

- Erklären Sie den Kindern, welche Geschichte Sie ihnen vorlesen oder erzählen werden. Bitten Sie sie, an bestimmten Stellen in der Geschichte ihre Bausteine gegeneinanderzuschlagen. Wenn es z.B. die Geschichte „Der Wolf und die sieben Geißlein" ist, könnten die Kinder immer, wenn die Geißlein erwähnt werden, dreimal leise mit den Bausteinen klappern. Wenn der Wolf auftaucht, gibt es einen lauten Schlag. Diese Aktivität hilft beim Erkennen von Wörtern und fördert die Zählfähigkeit.

- Machen Sie den Kindern vor, wie man laut und leise mit den Bausteinen klappert. Lassen Sie sie einige Male üben, und beginnen Sie dann mit der Geschichte.

- Lesen Sie die Stellen, an denen die Kinder mit ihren Bausteinen zum Einsatz kommen, ziemlich langsam vor. Falls nötig, kündigen Sie den Einsatz mit einem aufmunternden Blick oder einer Geste an.

Für 24–36 Monate

Tag und Nacht

Das fördern Sie:

Wortschatz, Sprechfreude, Kommunikationsfähigkeit

Das brauchen Sie:

alte Bücher oder Zeitschriften, eine Schere, Karteikarten, einen Klebestift

So geht es:

- Stellen Sie eine Sammlung von Bildern zusammen, die für „Tag" und „Nacht" stehen. Zu den Tag-Bildern könnten z.B. eine Sonnenbrille, ein Sonnenschirm, eine Sonne und Sonnenmilch gehören, zu den Nacht-Bildern eine Taschenlampe, eine Lampe, der Mond und ein Schlafanzug.

- Schneiden Sie die Bilder aus, und kleben Sie jedes auf eine Karteikarte.

- Spielen Sie mit ein oder zwei Kindern ein Sortierspiel. Helfen Sie ihnen, die Bilder in die Kategorien „Tag" und „Nacht" einzuordnen.

- Regen Sie ein Gespräch über „Tag" und „Nacht" an, indem Sie Fragen zu den Bildern stellen.

- Denken Sie sich mit den Kindern zusammen eine Geschichte aus, in der jeweils einige, vorher ausgewählte Dinge für die Nacht und für den Tag vorkommen. Schreiben Sie die Geschichte auf, damit Sie sie später nochmals vorlesen können.

Sprechen

… zum Sprechen, Fühlen, Entdecken und Bewegen

Für 24–36 Monate

Sprechen

Hungrige Fische

Das fördern Sie:

Wortschatz, visuelle Wahrnehmung, Zahl-Mengen-Verständnis

Das brauchen Sie:

3 große Schüsseln, möglichst transparent; 6 Fische aus Plastik oder Holz (sie sollten schwimmen); „Futter" für die Fische, z.B. Pailletten oder Moosgummistückchen

So geht es:

- Füllen Sie die drei Schüsseln mit Wasser, und stellen Sie sie außerhalb der Reichweite der Kinder nebeneinander auf.

- In das linke Glas kommt ein Fisch, in das mittlere kommen zwei Fische, und in das rechte Glas kommen drei Fische.

- Lassen Sie die Kinder ihre Beobachtungen erzählen. Nehmen sie den Unterschied zwischen den drei Gläsern wahr?

- Erklären Sie den Kindern, dass die Fische gefüttert werden müssen. Fragen Sie die Kinder, in welches Glas das meiste Futter hinein muss und warum. Wenn die Kinder die Begründung nicht wissen oder verstehen, erklären Sie ihnen, dass mehr Fische mehr Futter brauchen.

- Ermuntern Sie die Kinder, die Fische in den Gläsern zu zählen.

- Lassen Sie die Kinder die Fische „umsortieren" und erneut füttern. Wo muss jetzt mehr und wo weniger Futter hinein?

Für 24–36 Monate

Unser Zoo

Das fördern Sie:

Wortschatz, Wissen über Tiere, Feinmotorik, Kreativität

Das brauchen Sie:

alte Zeitschriften und Kataloge, 1 großes Stück Tonpapier, Klebestifte, eine Kinderschere

So geht es:

- Das Thema „Zoo" bietet zahlreiche Möglichkeiten, um mit Kindern aktiv zu werden. Führen Sie das Thema ein, indem Sie einen Ausflug in den Zoo machen oder aber zunächst anhand von Bilderbüchern und Geschichten Zoos und deren Tiere kennenlernen. Der Zoobesuch kann auch der abschließende Höhepunkt der Themenzeit sein.

- Sprechen Sie mit einer kleinen Gruppe von Kindern über Tiere, die man im Zoo sehen kann.

- Ermuntern Sie die Kinder, sich Zeitschriften und Kataloge anzusehen und nach Bildern von Zootieren zu suchen.

- Helfen Sie ihnen, die Bilder auszuschneiden oder auszureißen und sie auf den großen Bogen Tonpapier zu kleben.

- Wenn die Collage fertig ist, hängen Sie sie gut sichtbar im Gruppenraum auf. So lädt sie immer wieder zum Ansehen und Sprechen ein.

Sprechen

... zum Sprechen, Fühlen, Entdecken und Bewegen

Für 24–36 Monate

Sprechen

Wer wohnt wo?

Das fördern Sie:

Wortschatz, Feinmotorik, Wissen über Tiere und deren Lebensraum

Das brauchen Sie:

Bilder von Tieren und ihren Behausungen, eine Schere, ein Laminiergerät, Tonpapier

So geht es:

- Suchen Sie Bilder von Tieren und ihren Behausungen, und schneiden Sie sie aus. Diese Motive eignen sich z.B. sehr gut: eine Ente und ein Ententeich, ein Hund und eine Hundehütte, ein Pferd und ein Stall, ein Vogel und ein Nest usw.

- Kleben Sie alle Bilder auf Tonpapier, und schneiden Sie dann Bildkarten daraus aus.

- Laminieren Sie die Bilder der Behausungen, und verteilen Sie sie auf dem Boden oder auf einem Tisch.

- Die restlichen Tierkarten behalten Sie in der Hand. Zeigen Sie den Kindern dann eine Tierkarte, sagen Sie den Namen des Tiers, und legen Sie die Karte auf den Tisch. Die Kinder suchen die passende Behausung für das Tier auf der Karte und legen die Tierkarte daneben.

Fühlen

Für 1–12 Monate

Streicheleinheiten

Fühlen

Das fördern Sie:

körperliche Nähe, Entspannung, taktile Wahrnehmung

Das brauchen Sie:

evtl. etwas Öl

So geht es:

- Streicheln Sie sanft über Hände und Füße des Babys, und sagen Sie dabei seinen Namen.

- Wenn es mit den Eltern abgesprochen ist, benutzen Sie auch etwas Öl für die Streicheleinheit. Verreiben Sie ein paar Tropfen davon in ihren Handflächen, und massieren Sie das Baby ganz sanft damit.

- Streichen Sie nacheinander die Hände, die Arme, den Rücken, den Po und die Füße damit aus.

- Achten Sie immer genau auf die Reaktionen des Kindes, damit Sie sicher sein können, dass es sich wohlfühlt.

- Sprechen Sie leise mit dem Kind, während Sie es berühren. Nennen Sie die Körperteile, die Sie gerade massieren.

Tipp:

Sanfte Berührungen vermitteln dem Baby ein Gefühl von Sicherheit und Liebe. Wenn Sie seinen Namen dabei sagen, lernt es, seinen Namen auf sich zu beziehen, und reagiert, wenn es ihn hört. Nutzen Sie die Wickelsituation für einen besonderen Moment der Nähe und Aufmerksamkeit.

Für 3–6 Monate

Greif zu!

Das fördern Sie:

taktile Wahrnehmung, Greifen, Muskulatur, Motorik

So geht es:

- Wenn sich die Fäustchen eines Babys öffnen (normalerweise passiert das, wenn das Baby etwa drei Monate alt ist), spielen Sie mit seinen Fingern, kitzeln Sie es an den Handflächen, und legen Sie sich seine Hände ans Gesicht.

- Legen Sie einen Finger in die Kinderhand, und lassen Sie das Kind zugreifen.

- Kann das Kind Ihre beiden Zeigefinger fest greifen, heben Sie es daran ein Stückchen hoch. Achten Sie genau auf die Reaktionen des Kindes.

Fühlen

… zum Sprechen, Fühlen, Entdecken und Bewegen

Für 3–36 Monate

Fühlen

Fußfühler

Das fördern Sie:

taktile Wahrnehmung, Wortschatz, Aufmerksamkeit

Das brauchen Sie:

verschiedene Sachen zum Fühlen, z.B. Feder, Sandpapier, Schwämme, Filz, Haarbürste usw.

So geht es:

- Streichen Sie z.B. mit einer Feder über die Füße des Babys. Sagen Sie: *„Das ist eine Feder."*

- Beschreiben Sie das Gefühl, dass die Feder auf der Haut macht, z.B.: *„Die Feder kitzelt dich an den Füßen."*

- Lassen Sie das Kind aussuchen, mit was Sie die Füße berühren sollen (sofern es das schon selbst kann).

- Streichen Sie auch über die Arme, Armbeugen und Handflächen des Kindes.

- Bieten Sie den älteren Kindern an, sich gegenseitig mit den Materialien zu kitzeln.

- Regen Sie die Kinder an, sich auch selbst mit den Gegenständen zu kitzeln und zu erforschen, wie sich die Dinge anfühlen.

Für 5–12 Monate

Hin und her

Das fördern Sie:

Körpergefühl, Gleichgewicht, Rhythmusgefühl, Vertrauen, taktile Wahrnehmung

So geht es:

- Legen Sie ein Baby bäuchlings auf Ihren Unterarm, sodass es die Arme und Beine frei hängen lassen kann. Halten Sie es mit der anderen Hand gut fest.
- Schaukeln Sie das Baby sanft hin und her.
- Sagen Sie dabei: *„Hin und her, hin und her …"*, immer im Rhythmus des Wiegens.
- Wenn sich das Baby in dieser Position wohlfühlt, streicheln Sie ihm sanft über den Rücken, und lassen Sie es eine Weile auf Ihrem Arm entspannen.

Tipp:

Wenn Sie den Schaukelrhythmus und die Tonlage Ihrer Stimme verändern, fördern Sie auch die frühe Sprachentwicklung des Kindes. Das Kind spürt die Bewegung und verbindet damit das gesprochene Wort.

Fühlen

… zum Sprechen, Fühlen, Entdecken und Bewegen

Für 5–12 Monate

Fühlwürfel

Fühlen

Das fördern Sie:

taktile Wahrnehmung, Feinmotorik

Das brauchen Sie:

mehrere Schaumstoffwürfel, verschiedene Stoffreste (Baumwolle, Samt, Cordstoff, Satin, Seide usw.), Stoffkleber oder Nadel und Faden, Klettband (nur die Hakenseite, selbstklebend)

So geht es:

- Bekleben Sie die sechs Flächen des Würfels mit Stoffresten. Nehmen Sie zu diesem Zweck Stoffkleber, und achten Sie darauf, dass alle Ränder gut befestigt sind. Wenn es Ihnen lieber ist, können Sie die Stoffteile auch annähen.
- Stellen Sie mehrere Fühlwürfel her.
- Ermuntern Sie die Kinder, mit den Würfeln zu spielen und die unterschiedlichen Oberflächen zu erkunden.

Varianten:

- Kleben Sie auf fünf Flächen des Würfels die gleiche Stoffart. Auf die sechste Fläche heften Sie einen anderen Stoff. Bringen Sie den Kindern auf diese Weise das Prinzip von gleich und anders nahe.
- Wenn Sie Schaumstoffwürfel haben, auf denen Klettbänder haften bleiben, können Sie flexible Würfel herstellen. So können Sie die Kinder auch selbst mit den Klett-Stoffstücken herumprobieren lassen.

Für 6–12 Monate

Fühldecke

Das fördern Sie:

taktile Wahrnehmung, Wortschatz, visuelle Wahrnehmung

Das brauchen Sie:

eine Babydecke, Stoffquadrate (10 x 10 cm oder größer) mit unterschiedlicher Oberflächenstruktur (z.B. Wolle, Cordstoff, Satin, Frottee, Plüsch); eine Nähmaschine, eine Stoffschere

So geht es:

- Nähen Sie die Stoffquadrate mit der Nähmaschine auf die Babydecke. Sie sollten gut festgenäht sein, damit die Kinder ohne Bedenken damit hantieren können und die unterschiedlichen Oberflächen ertasten können. Achten Sie darauf, dass alle Stoffteile waschbar sind.

- Legen Sie die Decke auf den Boden, sodass die Kinder sie abtasten oder darauf herumkrabbeln können.

- Lassen Sie die Babys die Decke allein erkunden. Sie werden interessiert die unterschiedlichen Strukturen entdecken.

- Setzen Sie sich in die Nähe, und beobachten Sie die Kinder. Sagen Sie, wie sich die Stoffe anfühlen: „Oh, der Satin ist glatt, nicht wahr?", „Der Cordstoff ist kratzig. Er fühlt sich auch huckelig an." Oder: „Fühl mal hier, das ist Fell."

Variante:

Sie können auch einen Wandbehang auf diese Art herstellen. Hängen Sie ihn in eine „gemütliche Ecke", sodass die Kinder ihn jederzeit anfassen können.

... zum Sprechen, Fühlen, Entdecken und Bewegen

Fühlen

Fühlen

Für 6–12 Monate

Fühlbuch

Das fördern Sie:

Aufmerksamkeit, taktile Wahrnehmung, Wortschatz

Das brauchen Sie:

10 Pappquadrate (ca. 15 x 15 cm), Klebstoff, unterschiedliche Stoffarten (Baumwolle, Cordstoff, Satin, Tüll, Wolle), einen Locher, ein Band

So geht es:

- Kleben Sie auf jedes der Pappquadrate ein Stück Stoff.

- Lochen Sie eine Seite am Rand zweimal, und fädeln Sie die Seiten durch das Loch jeweils mit einem Band zusammen. Die Seiten sollten nicht zu fest geschnürt sein, sie müssen sich leicht umblättern lassen.

- Geben Sie dem Kind das Fühlbuch, und lassen Sie es das Buch zunächst selbst erkunden. Sprechen Sie über die verschiedenen Materialien und wie sie sich anfühlen: *„Das hier ist glatt, und das hier ist rau."*

Für 8–18 Monate

Spiel mit Schwämmen

Das fördern Sie:

Feinmotorik, Neugier, taktile Wahrnehmung, Hand- und Armmuskulatur

Das brauchen Sie:

Schwämme, eine Schere, Wasserwanne, Lebensmittelfarbe oder Badefarbe

So geht es:

- Schneiden Sie aus Schwämmen unterschiedliche Formen zu.
- Zeigen Sie den Kindern die Schwämme, und sprechen Sie über die Formen.
- Lassen Sie die Kinder die Schwämme ins Wasser legen.
- Zeigen Sie ihnen, wie man einen Schwamm ausdrückt. Geben Sie den Kindern Zeit, auszuprobieren und zu beobachten, was passiert, wenn sie den Schwamm ausdrücken.

Tipps:

- Das Schwammausdrücken macht den Kindern nicht nur Freude, sondern ist zudem ein gutes Training für die Muskeln der Oberarme.
- Wenn Sie das Wasser mit Lebensmittelfarbe einfärben, wird das Spiel noch interessanter für die Kinder.

Fühlen

… zum Sprechen, Fühlen, Entdecken und Bewegen

Für 10–18 Monate

Fühlen

Krabbeleien

Das fördern Sie:

taktile Wahrnehmung, Wortschatz, visuelle Wahrnehmung

Das brauchen Sie:

30 x 30 cm große Quadrate aus Teppichresten, Plüsch, Cordstoff, Jute, Satin, Seide; 30 x 30 cm große Pappquadrate, eine Heißklebepistole (nur für Erwachsene), evtl. doppelseitiges Klebeband

So geht es:

- Kleben Sie die Materialien mit Hilfe einer Heißklebepistole auf die Pappquadrate.
- Legen Sie die Quadrate auf den Boden, wo die Kinder sie erkrabbeln und erkunden können.
- Während die Kinder die unterschiedlichen Materialien erkunden, kommentieren Sie gelegentlich, was sie tun: *„Fühlt sich das Fell flauschig an?"*, *„Hannah, wie fühlt sich die Klebefolie an? Ist sie klebrig?"*, *„Die Jute fühlt sich kratzig an. Gefällt dir das, Mika?"*

Variante:

Für Babys, die anfangen sich hochzuziehen und erste Stehversuche zu unternehmen, können Sie Materialquadrate an einer Wand oder Tür befestigen. Nutzen Sie dafür ein doppelseitiges Klebeband, und hängen Sie die Quadrate auf Augenhöhe der Kinder.

Für 12–18 Monate

Fühlbrett

Das fördern Sie:

taktile Wahrnehmung, Feinmotorik

Das brauchen Sie:

1 großes Stück Filz, Klettband oder -punkte, Materialien mit unterschiedlichen Fühleigenschaften (feines Sandpapier, Cordstoff, Luftpolsterfolie, Wellpappe, Baumwolle usw.)

So geht es:

- Babys und Kleinkinder erkunden ihre Umgebung besonders intensiv mit den Fingern. Dieses Bedürfnis können Sie unterstützen, indem Sie ihnen ein tolles Fühlbrett basteln, an dem es viel zu ertasten gibt. Befestigen Sie dazu ein großes Stück Filz mit Klettband an der Wand. Es sollte so niedrig angebracht sein, dass die Kinder es ohne Probleme anfassen können. Schneiden Sie aus unterschiedlich strukturierten Materialien kleine Stücke zu. Befestigen Sie sie mit selbstklebenden Klettbandpunkten an dem Filz.
- Ermuntern Sie das Kind, die Materialien zu erfühlen.
- Benennen Sie die Materialien, die das Kind gerade anfasst, und beschreiben Sie, wie sie sich anfühlen.

Tipp:

Schneiden Sie Filzstücke aus, die Sie über die einzelnen Materialbeispiele hängen. Das macht das Fühlbrett und seine überraschenden Fühleindrücke noch spannender.

... zum Sprechen, Fühlen, Entdecken und Bewegen

Für 12–24 Monate

Fühlen

Roll, roll, roll

Das fördern Sie:

Gleichgewichtssinn, Vertrauen, Körpergefühl, taktile Wahrnehmung

Das brauchen Sie:

einen Gymnastikball, evtl. Stoffstücke aus verschiedenen Materialien

So geht es:

- Knien Sie sich neben den Gymnastikball. Legen Sie das Baby vorsichtig mit dem Gesicht nach unten auf den Ball. Halten Sie das Baby die ganze Zeit über gut fest.

- Rollen Sie den Ball vorsichtig vor und zurück. Sie dürfen den Ball auf keinen Fall zu weit nach vorn rollen, sonst hängt der Kopf des Kindes nach unten.

- Singen Sie dabei dieses Lied zu der Melodie von „Ri-ra-rutsch, wir fahren mit der Kutsch":

Roll, roll, roll, das Kind rollt auf dem Ball.
Das Kind rollt hin, das Kind rollt her,
und das gefällt dem Kind wohl sehr.
Roll, roll, roll, das Kind rollt auf dem Ball.

- Rollen Sie das Baby auf dem Ball zur Abwechslung von einer Seite zur anderen.

- Um dieses Ballspiel um einen weiteren Anreiz zu erweitern, befestigen Sie Stoffbahnen (Cordstoff, Seide usw.) auf dem Ball. Dann erlebt das Baby nicht nur die Bewegung, sondern hat noch etwas zum Fühlen.

Für 12–24 Monate

Hautfühlungen

Das fördern Sie:

taktile Wahrnehmung, Motorik

Das brauchen Sie:

unterschiedliche weiche Materialien (Stoff, Teppich usw.)

So geht es:

- Legen Sie unterschiedliche Materialien bereit, die die Kinder erkunden können.

- Reiben Sie vorsichtig mit den Materialien über Arme, Beine, Bauch und Rücken eines Kindes. Wenn das dem Kind nicht gefällt, hören Sie auf, und versuchen Sie es ein anderes Mal erneut.

- Zeigen Sie, wie Sie sich selbst mit den Materialien über Arme und Beine reiben. Sagen Sie: *„Versuch es doch mal."* Beobachten Sie, ob das Kind den Stoff oder das Teppichstück nimmt und sich damit über die Arme und Beine reibt.

Tipp:

Wenn Sie bei diesem Spiel zusätzlich die Grobmotorik einzelner Kinder fördern wollen, verteilen Sie die Materialstücke auf dem Boden, und lassen Sie die Kinder darüberkrabbeln.

… zum Sprechen, Fühlen, Entdecken und Bewegen

Für 12–24 Monate

Wattebäusche-Kuscheltüte

Fühlen

Das fördern Sie:

Feinmotorik, taktile Wahrnehmung, Mundmuskulatur, mathematische Grunderfahrung

Das brauchen Sie:

Papiertüte, Wattebäusche

So geht es:

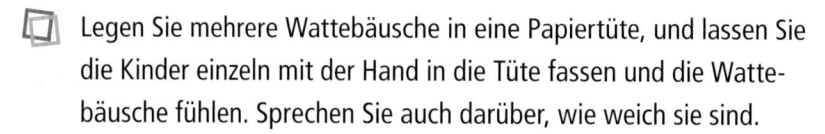

- Legen Sie mehrere Wattebäusche in eine Papiertüte, und lassen Sie die Kinder einzeln mit der Hand in die Tüte fassen und die Wattebäusche fühlen. Sprechen Sie auch darüber, wie weich sie sind.

- Lassen Sie die Kinder die Wattebäusche einen nach dem anderen aus der Tüte ziehen, und zählen Sie sie gemeinsam.

Variante:

Spielen Sie ein Pustespiel mit den Kindern: Legen Sie die Tüte so hin, dass sie offensteht und wie ein Tor funktioniert. Halten Sie sie fest. Bitten Sie die Kinder nun, die Wattebäusche in die Tüte hineinzupusten. Die Kinder können auch gegeneinander antreten. Dafür setzen sich immer zwei Kinder gegenüber (z.B. an einem Tisch) und versuchen, einen Wattebausch auf die Seite des Gegners zu pusten.

Das ist wichtig:

Achten Sie darauf, dass die Kinder zwischendurch tief durchatmen, damit niemandem schwindlig wird.

Für 12–24 Monate

Schwammformen

Fühlen

Das fördern Sie:

Feinmotorik, taktile Wahrnehmung, Muskulatur, Farben und Formen erkennen

Das brauchen Sie:

Schwämme in 2 Farben, einen Wassertisch oder eine große flache Wanne, 2 Eimer, eine Schere, Klebefolie in den Farben der Schwämme

So geht es:

- Zerschneiden Sie die gelben Schwämme z.B. in Kreise und die blauen Schwämme in Dreiecke.

- Tauchen Sie sie ins Wasser, bzw. legen Sie sie in den Wassertisch.

- Kleben Sie an einen Eimer einen gelben Kreis, an einen anderen Eimer ein blaues Dreieck. (Form und Farbe müssen mit den Schwämmen im Wassertisch übereinstimmen.)

- Ermuntern Sie die Kinder, sich einen Schwamm aus der Wanne oder dem Wassertisch zu nehmen, das Wasser auszudrücken und den Schwamm in den passenden Eimer zu legen.

... zum Sprechen, Fühlen, Entdecken und Bewegen

Für 12–36 Monate

Schaumfiguren

Fühlen

Das fördern Sie:

Feinmotorik, Kreativität, taktile Wahrnehmung

Das brauchen Sie:

Badeschaum, eine Badewanne, ein großes Waschbecken oder eine Waschschüssel

So geht es:

- Geben Sie Badeschaum in eine Wanne oder einen anderen großen Behälter, und gießen Sie Wasser dazu. Lassen Sie es richtig schäumen!
- Versammeln Sie die Kinder an der Wanne.
- Zeigen Sie ihnen, wie man aus dem Schaum Figuren formen kann. Wenn einige Kinder beim Modellieren zu fest zupacken, zeigen Sie ihnen, dass es besser geht, wenn sie die Hand locker lassen.
- Begleiten Sie die Modellierversuche mit Kommentaren: Sagen Sie, woran eine Figur Sie erinnert, was passiert, wenn die Schaumblasen anfangen, sich aufzulösen, und wie sich die Figur dabei verändert. Ermuntern Sie die Kinder, bei entsprechendem Entwicklungsstand, selbst zu beschreiben, was sie modellieren.
- Helfen Sie einem Kind, eine Figur zu modellieren. Wenn es das schon kann, lassen Sie es selbst beschreiben, was sie darstellt.

Für 12–36 Monate

Gefühle-Buch

Das fördern Sie:

visuelle Wahrnehmung, Wortschatz, Sozialverhalten, Emotionalität

Das brauchen Sie:

Bilder aus Zeitschriften, die weinende, lachende, überraschte usw. Kinder zeigen; Pappe, Klebstoff, Selbstklebefolie oder ein Laminiergerät, einen Locher, ein Band

So geht es:

- Kleben Sie Bilder auf Pappe auf, und beziehen Sie die Pappen mit klarer Selbstklebefolie, oder laminieren Sie sie.

- Machen Sie an einer Seite der Bilder Löcher, und fädeln Sie die Pappen mit einem Band zu einem Gefühle-Buch zusammen.

- Wenn sich die Kinder dieses Buch ansehen, benennen Sie die Gefühle.

Tipp:

So ein Gefühle-Buch kann nützlich sein, wenn Konflikte auftreten. Sie können dem Kind damit deutlich machen, wie ein anderes Kind sich fühlt.

Fühlen

... zum Sprechen, Fühlen, Entdecken und Bewegen

Für 18–36 Monate

Fußspuren auf Papier

Fühlen

Das fördern Sie:

taktile Wahrnehmung, Koordination

Das brauchen Sie:

große Bögen oder Rollen Packpapier, 2 Kinderstühle, auswaschbare Farbe, einen Schwammpinsel, eine Plastikschüssel, lauwarmes Wasser, ein Waschlappen, Handtücher

So geht es:

- Legen Sie einen langen Streifen Packpapier auf den Boden, und stellen Sie an jedem Ende einen Stuhl auf. Laden Sie ein Kind ein, sich auf einen der Stühle zu setzen und Schuhe und Strümpfe auszuziehen.

- Bestreichen Sie seine Fußsohlen mit Farbe. (Das kitzelt!) Helfen Sie dem Kind, zehn Schritte auf dem Papierstreifen zu gehen.

- Helfen Sie ihm auf den anderen Stuhl, ohne alles mit Farbe vollzuklecksen. Jetzt können Sie seine Füßchen mit dem lauwarmen Wasser waschen. Dabei darf das Kind natürlich mithelfen.

- Helfen Sie ihm auch, die Füße abzutrocknen und Schuhe und Strümpfe wieder anzuziehen.

Tipp:

Wenn alle Kinder an die Reihe kommen, ist dieses Spiel ein besonders schönes Erlebnis für die Kinder. Und das fertige Fußspurenbild ist natürlich ein toller Beweis für dieses gemeinsame Erlebnis. An einem schönen Platz an der Wand lädt es sicher noch oft zum Erzählen ein.

Für 18–36 Monate

In der Knete-Bäckerei

Das fördern Sie:

taktile Wahrnehmung, Feinmotorik, Kreativität

Das brauchen Sie:

Für die Knete: 1 Tasse Salz, 4 Tassen Mehl, 1 Tasse warmes Wasser; eine Schüssel und einen Löffel zum Mischen; einen luftdicht verschließbaren Behälter

So geht es:

- Stellen Sie aus den Zutaten eine Knetmasse für die Kinder her. Mischen Sie dazu das Salz mit dem Mehl. Fügen Sie Wasser hinzu. Kneten Sie alles durch, bis ein glatter Teig entsteht.
- Geben Sie den Kindern Nudelhölzer und Backförmchen, und regen Sie sie an, kleine Plätzchen zu „backen". Die Kinder können auch kleine Brote, Gemüse und andere Lebensmittel kneten.
- Selbstverständlich sollten alle Kinder die Möglichkeit haben, das zu kneten, was sie gerade möchten. Wenn also Kinder lieber Autos, Schlangen oder Monster kneten, sollten sie das dürfen. So entfalten sie ihre Kreativität und behalten die Motivation, die sie gerade entwickeln.
- Bewahren Sie die Knete in einer luftdicht verschließbaren Dose auf.

Tipp:

Lassen Sie die Kinder helfen, wenn Sie die Zutaten für die Knetmasse vermischen.

… zum Sprechen, Fühlen, Entdecken und Bewegen

Für 18–36 Monate

Fühlen

Schlangen-Schnippler

Das fördern Sie:

Feinmotorik, taktile Wahrnehmung, räumliches Denken

Das brauchen Sie:

Für die Knete: 4 Tassen Wasser, 6 Esslöffel Öl, 4 Tassen Mehl, 2 Tassen Salz, 8 Esslöffel Weinsteinpulver, Lebensmittelfarbe; mehrere Kinderscheren

So geht es:

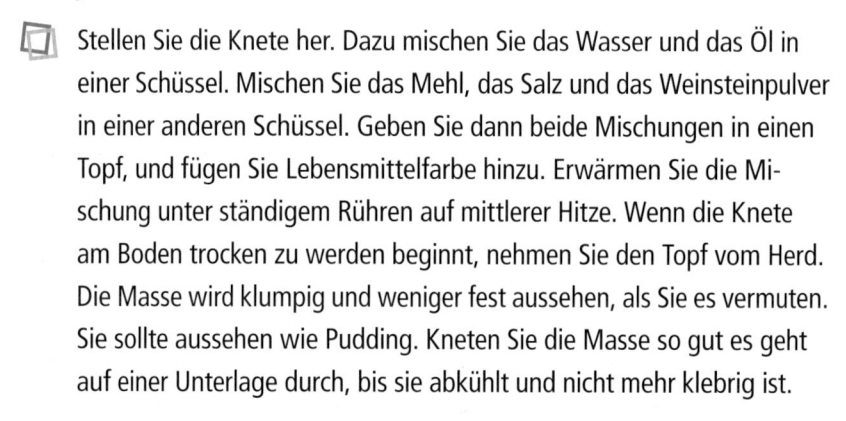

- Stellen Sie die Knete her. Dazu mischen Sie das Wasser und das Öl in einer Schüssel. Mischen Sie das Mehl, das Salz und das Weinsteinpulver in einer anderen Schüssel. Geben Sie dann beide Mischungen in einen Topf, und fügen Sie Lebensmittelfarbe hinzu. Erwärmen Sie die Mischung unter ständigem Rühren auf mittlerer Hitze. Wenn die Knete am Boden trocken zu werden beginnt, nehmen Sie den Topf vom Herd. Die Masse wird klumpig und weniger fest aussehen, als Sie es vermuten. Sie sollte aussehen wie Pudding. Kneten Sie die Masse so gut es geht auf einer Unterlage durch, bis sie abkühlt und nicht mehr klebrig ist.

- Zeigen Sie den Kindern, wie sie die Knete lang ziehen und Schlangen daraus formen können. Ermuntern Sie die Kinder, die Schlangen mit Kinderscheren in kleine Stücke zu schneiden.

Tipp:

Das Kneteschlangen-Zerschneiden ist eine gute Übung für Kinder, die gerade den Umgang mit Scheren erlernen. Für kleine Finger sind die Kneteschlangen leicht zu handhaben.

Für 18–36 Monate

Klebe-Collagen

Das fördern Sie:

Feinmotorik, Kreativität, taktile Wahrnehmung

Das brauchen Sie:

klare Selbstklebefolie, Klebeband, Collagematerial: Papierfetzen, Seidenpapier, Wattebäusche, Stoffstücke, Wolle

So geht es:

- Befestigen Sie Selbstklebefolie mit der Klebeseite nach oben auf einem Tisch. Benutzen Sie dazu Klebeband.
- Ermuntern Sie die Kinder, Sachen für eine Collage zu sammeln und sie auf die Klebefläche zu legen.
- Wenn es den Kindern Spaß macht, Sachen auf der Folie zu befestigen und wieder abzuziehen, lassen Sie sie ruhig etwas experimentieren.
- Wenn die Kinder mit ihren Collagen fertig sind, legen Sie eine zweite Lage Selbstklebefolie mit der Klebeseite nach unten darauf. So kann man die Collage auf beiden Seiten bewundern.

Fühlen

... zum Sprechen, Fühlen, Entdecken und Bewegen

Für 24–36 Monate

Stoffmusterpärchen finden

Fühlen

Das fördern Sie:

taktile Wahrnehmung, visuelle Wahrnehmung, Konzentration

Das brauchen Sie:

Stoffquadrate, 10 x 10 cm; Pappquadrate, 10 x 10 cm; Klebstoff, eine Kiste

So geht es:

- Wählen Sie Stoffe aus, die verschiedene Oberflächenstrukturen und Muster (Punkte, Streifen, Druckmuster, Plüsch usw.) haben.

- Kleben Sie jedes Stoffquadrat auf ein Pappquadrat. Machen Sie von jedem Stoff mehr als ein Quadrat.

- Bewahren Sie die Quadrate in einer großen Kiste auf, sodass die Kinder nach Belieben darin herumsuchen und die passenden Quadrate finden können.

- Legen Sie die Stoffquadrate in Reihen auf den Boden, und machen Sie daraus ein ungewöhnliches Memo-Spiel: Dabei zeigt die Pappseite nach oben. Es werden immer zwei Karten auf einmal aufgedeckt, bis alle Paare gefunden sind.

Für 24–36 Monate

Knallfolien-Druck

Das fördern Sie:

Feinmotorik, taktile Wahrnehmung, visuelle Wahrnehmung

Das brauchen Sie:

„Knallfolie" (Luftpolsterfolie zum Verpacken), Fingerfarben, Papier, Klebeband

So geht es:

- Befestigen Sie einen großen Bogen Luftpolsterfolie mit Klebeband auf einem Tisch.
- Ermuntern Sie die Kinder, die Folie mit Fingerfarben zu bemalen. Sprechen Sie über die knubbelige Oberfläche der Folie.
- Wenn die Kinder mit dem Bemalen fertig sind, helfen Sie ihnen, Papierbögen über ihre Abschnitte der Folie zu legen.
- Zeigen Sie ihnen, wie sie vorsichtig über das Papier reiben und so einen Abdruck von der Folie machen können.

Fühlen

... zum Sprechen, Fühlen, Entdecken und Bewegen

Für 24–36 Monate

Fühlkiste

Das fördern Sie:

taktile Wahrnehmung, Wortschatz, Sprechfreude

Das brauchen Sie:

1 großen Schuhkarton mit Deckel, Materialien mit unterschiedlichen Fühleigenschaften (Klebeband, Klettband, Baumwolle, Plüsch, Samt, Knete usw.)

So geht es:

- Schneiden Sie in den Deckel eines großen Schuhkartons ein Loch. Es sollte so groß sein, dass eine Kinderhand hindurchpasst, aber nicht so groß, dass das Kind in den Karton sehen kann.
- Legen Sie alle möglichen Sachen in den Karton.
- Lassen Sie das Kind hineingreifen und raten, was es fühlt. Ermuntern Sie das Kind, zu beschreiben, wie sich das anfühlt, was es gerade anfasst (weich, hart, klebrig, glitschig, rau usw.).
- Zum Schluss darf das Kind alle Materialien aus dem Karton auf den Tisch legen und erkunden, was sich wie angefühlt hat. Benennen Sie gemeinsam die Dinge, und ordnen Sie sie nach ihren Oberflächeneigenschaften ein: Welche Materialien sind rau, welche glatt, welche weich usw.

Für 24–36 Monate

Trommelwirbel

Das fördern Sie:

Rhythmusgefühl, Feinmotorik, Kreativität

Das brauchen Sie:

leere Kaffeedosen (für jedes Kind eine), schwarzes Bastelpapier, Gelstifte, Glitzerkleber, glänzende Aufkleber, doppelseitige Klebepunkte oder Klebestifte

So geht es:

- Schneiden Sie das schwarze Tonpapier so zu, dass es genau auf die Kaffeedosen passt.

- Lassen Sie die Kinder ein Stück schwarzes Papier mit Gelstiften (die sind auf schwarzem Untergrund besser zu sehen), Glitzerkleber und glänzenden Aufklebern verzieren. Ermuntern Sie die Kinder, ihre Papiere mit Kritzeln, Formen und Mustern zu bemalen.

- Helfen Sie den Kindern nun, leere Kaffeedosen mit ihren Bildern zu bekleben. Verschließen Sie die Dosen mit ihren Plastikdeckeln.

- Lassen Sie die Kinder mit ihren Trommeln durch den Raum marschieren. Spielen Sie lebhafte Marschmusik, und lassen Sie die Kinder die Begleitung trommeln.

Variation:

Sie können mit den Trommeln auch ein Spiel spielen, bei dem die Kinder nachtrommeln, was Sie vorgeben. Halten Sie Ihre Vorgabe möglichst einfach, sodass alle mitmachen können.

... zum Sprechen, Fühlen, Entdecken und Bewegen

Für 24–36 Monate

Fühlen

Tiere im Sand

Das fördern Sie:

taktile Wahrnehmung, Feinmotorik, Ausdauer, Musikalität

Das brauchen Sie:

Sand, eine große Plastikwanne, Plastiktiere

So geht es:

- Schütten Sie den Sand in eine Plastikwanne, und verstecken Sie die Plastiktiere im Sand.
- Das Kind darf die Tiere im Sand nun suchen. Ermuntern Sie es, den Sand bewusst zu fühlen, indem es ihn z.B. durch die Finger rieseln lässt.
- Singen Sie dieses Lied zu der Melodie von „Es tanzt ein Bi-Ba-Butzemann", während das Kind nach den Tieren sucht.

    *Der Mika sucht im Sand herum
    nach Hund und Katz und Maus, dideldum.
    Der Mika sucht im Sand herum
    nach Hund und Katz und Maus.
    Er sucht sie da, er sucht sie hier,
    das Katzen- und das Hundetier,
    der Mika findet sicherlich so manches Tier im Sand.*

Tipp:

Dieses Spiel können Sie natürlich wunderbar mit mehreren Kindern gleichzeitig spielen. Setzen Sie dann immer verschiedene Namen ein.

155 Fünf-Minuten-Spiele für die Krippe …

Für 24–36 Monate

Herr Doktor

Das fördern Sie:

taktile Wahrnehmung, Körperbewusstsein, Wortschatz

Das brauchen Sie:

Verbände (Mullbinden, in kleinere Stücke zerschnitten)

So geht es:

- Zeigen Sie dem Kind, wie man sich eine Binde um den Arm wickelt. Ermuntern Sie das Kind, die Binde wieder abzuwickeln.
- Umwickeln Sie den Arm des Kindes mit einer elastischen Binde. Sagen Sie dem Kind, welchen Körperteil Sie umwickeln.
- Lassen Sie das Kind die Binde wieder abwickeln.
- Umwickeln Sie andere Körperteile, z.B. ein Bein, einen Fuß, die Stirn oder den Bauch.
- Das Kind wird die Binden mit großem Vergnügen wieder abwickeln und lernt gleichzeitig die Namen der Körperteile.
- Jetzt darf das Kind auch Sie an Armen oder Beinen verbinden.

Variante:

Ermuntern Sie das Kind, seine Puppen und Stofftiere zu verarzten und mit Verbandmaterial zu versorgen.

... zum Sprechen, Fühlen, Entdecken und Bewegen

Für 24–36 Monate

Spaß an der Filztafel

Fühlen

Das fördern Sie:

Wissen über Farben und Formen, taktile Wahrnehmung, Feinmotorik

Das brauchen Sie:

eine Flanelltafel, Filz in mehreren kräftigen Farben, Schere

So geht es:

- Schneiden Sie Formen (etwa 7 bis 10 cm), wie Quadrate, Dreiecke, Kreise, Teddys, Herzen usw., aus buntem Filz aus.
- Verwenden Sie zunächst Formen in einer einzigen Farbe. Lassen Sie ein Kind eine Form an die Flanelltafel heften und wieder abnehmen. Nennen Sie die Form und den Namen der Farbe. Lassen Sie das Kind damit spielen, solange es möchte.
- Bei älteren Kindern, die mit den Farben schon vertraut sind, nehmen Sie dieselbe Form in unterschiedlichen Farben, z.B. einen roten und einen blauen Kreis. Benennen Sie die Form und die Farbe, während das Kind sie an die Tafel heftet.
- Wenn ein Kind die Namen von Farben und Formen schon kennt, legen Sie eine Reihe von Filzformen auf den Boden, und bitten Sie es dann, eine bestimmte Form zu finden und an die Tafel zu heften. Sagen Sie z.B.: „Nimm das gelbe Herz, und hefte es an die Tafel."

Das ist wichtig:

Da der Filz abfärben könnte, sollten Sie darauf achten, dass die Kinder nicht daran lutschen oder darauf herumkauen.

Für 24–36 Monate

Zauberbilder

Fühlen

Das fördern Sie:

taktile Wahrnehmung, Feinmotorik

Das brauchen Sie:

Fotokarton in Kleeblattform, Klebeband, festes Papier, einen grünen Wachsmalstift ohne Schutzhülle

So geht es:

- Schneiden Sie Kleeblätter verschiedener Größe (etwa 3 bis 10 cm „Durchmesser") und mit drei und vier Blättern aus Fotokarton zu.
- Kleben Sie jedem Kind ein Kleeblatt mit Klebeband auf einen Tisch. Befestigen Sie anschließend ein Blatt Papier darüber.
- Lassen Sie die Kinder mit der Längsseite eines grünen Wachsmalers (ohne Papierhülle) über das Blatt reiben. Die Kinder werden begeistert sein, wenn der Umriss des Kleeblattes auf dem Papier sichtbar wird. Das ist Zauberei! Nimmt man das Zauberbild ab, kann man die Konturen sogar fühlen.

Variante:

Wenn die Kinder noch weiteres Interesse bekunden, erlauben Sie ihnen, auch andere Motive durchzurubbeln. Geeignet sind z.B. getrocknete Blätter, Geldstücke, die verschiedenen Oberflächen von Möbeln und Stoffen.

... zum Sprechen, Fühlen, Entdecken und Bewegen

Für 24–36 Monate

Musikalische Bilder

Fühlen

Das fördern Sie:

Feinmotorik, Wortschatz, Hörfähigkeit, Musikalität

Das brauchen Sie:

Papier, Farbstifte, CDs mit verschiedenen Musikrichtungen (Rock, Jazz, Klassik, Tanzmusik), CD-Spieler

So geht es:

- Sprechen Sie mit den Kindern über unterschiedliche Arten von Strichen. Es gibt Wellenlinien, Zickzacklinien, gepunktete Linien usw. Zeigen Sie ihnen Beispiele.

- Erklären Sie den Kindern, dass sie verschiedene Sorten von Musik hören werden. Sie können sie mit Linien malen. Ermuntern Sie die Kinder, nachzudenken, welche Gefühle die Musik bei ihnen auslöst und wie sie diese Gefühle am besten malen könnten. Leise Musik könnte z.B. mit zarten Linien ausgedrückt werden.

- Die Kinder nehmen für jedes Musikstück ein neues Blatt Papier.

Tipp:

Hängen Sie alle Bilder aus, sodass die ganze Bandbreite der Gefühle sichtbar wird. Diese Zusammenschau der Bilder können Sie dafür nutzen, um mit den Kindern über die verschiedenen Gefühle zu sprechen, die die Musik ausgelöst hat. Sagen Sie dann z.B.: *„Diese Linien sehen ganz wild aus. Da hat der Mika (Name des Kindes) bestimmt an ein wildes, wütendes Tier gedacht, als er die schnelle, dunkle Musik gehört hat."*

155 Fünf-Minuten-Spiele für die Krippe …

Entdecken

155 Fünf-Minuten-Spiele für die Krippe …

Für 3–8 Monate

Mit den Augen hinterher

Entdecken

Das fördern Sie:

visuelle Wahrnehmung, Aufmerksamkeit

Das brauchen Sie:

Gegenstände in kräftigen Farben

So geht es:

- Stellen Sie einen Gegenstand in einer kräftigen Farbe in Augenhöhe vor das Kind, z.B. einen gelben Baustein.
- Schieben Sie ihn langsam nach links, dann nach rechts, und lassen Sie das Kind mit dem Blick folgen. Diese Aktivität sollte nicht länger als ein paar Sekunden dauern.
- Beobachten Sie immer wieder, wie die Jüngsten auf visuelle Reize reagieren, und dokumentieren Sie diese Eindrücke.

Das ist wichtig:

Achten Sie darauf, dass die Säuglinge nicht ständig zu vielen optischen und akustischen Reizen ausgesetzt sind. Setzen Sie dieses Spiel daher gezielt zwischendurch ein.

Für 3–12 Monate

Kuckuck

Das fördern Sie:

visuelle Wahrnehmung, Hörverständnis, Körperbewusstsein, Wortschatz

Das brauchen Sie:

einen unzerbrechlichen Spiegel, 1 quadratisches Stück Stoff (etwa so groß wie eine Stoffwindel)

So geht es:

- Befestigen Sie einen unzerbrechlichen Spiegel in Augenhöhe an einer Wand, sodass das Kind sein Spiegelbild betrachten kann, wenn es auf dem Boden oder in einem Kindersitz liegt oder sitzt.

- Spielen Sie „Kuckuck" vor dem Spiegel. Lassen Sie das Kind unter einem Stoffstück „verschwinden". Ziehen Sie den Stoff weg, und sagen Sie *„Kuckuck!"*.

- Sprechen Sie mit dem Baby, während es in den Spiegel sieht. Sprechen Sie über seine Haare, seine Augen, seinen Mund usw. Achten Sie darauf, dass Sie den Namen des Kindes nennen und auf sein Spiegelbild zeigen. So machen Sie deutlich, dass es selbst das Kind im Spiegel ist.

Tipp:

Schaffen Sie weitere Gelegenheiten, bei denen sich das Baby immer wieder im Spiegel betrachten kann. Sie könnten z.B. am Wickeltisch einen Spiegel befestigen.

Entdecken

... zum Sprechen, Fühlen, Entdecken und Bewegen

Für 3–12 Monate

Entdecken

Frei-Zeit

Das fördern Sie:

Neugier, Bewegungsdrang, körperliche Nähe und Zuwendung, Naturbetrachtung

Das brauchen Sie:

eine Decke

So geht es:

- Breiten Sie auf einem weichen Platz im Freien eine Decke aus.
- Setzen bzw. legen Sie sich mit dem Baby darauf.
- Zeigen Sie auf allerhand um Sie herum, z.B. auf Schmetterlinge, Vögel, Bäume, Gras usw.
- Benennen Sie immer das, was Sie gerade zeigen.
- Lassen Sie die Kinder das Gras berühren. Geben Sie ihnen die Möglichkeit, ein Gänseblümchen abzuzupfen und daran zu riechen.
- Wenn ein Baby schon krabbeln kann, legen Sie sich auf eine Seite der Decke. Breiten Sie die Arme aus, und ermuntern Sie das Kind, zu Ihnen zu krabbeln.

Für 4–12 Monate

Wie die Sachen funktionieren

Entdecken

Das fördern Sie:

Erkundungen im eigenen Lebensraum, Wortschatz

So geht es:

- Nehmen Sie das Baby auf den Arm, und gehen Sie mit ihm durch den Raum. Zeigen Sie ihm, wie Sachen funktionieren: Drücken Sie auf einen Lichtschalter, und machen Sie das Licht an und aus, ziehen Sie eine Schublade auf, und schieben Sie sie wieder zu.

- Beschreiben Sie, was passiert: *„Wenn ich hier unten auf den Schalter drücke, geht das Licht an. Wenn ich hier oben drücke, geht das Licht wieder aus."*

- Wiederholen Sie immer wieder die gleichen Abläufe, statt immer neue zu zeigen. So merkt sich das Kind besser, was es Neues gelernt hat.

- Sobald das Kind alt genug ist, sollte es selbst ausprobieren dürfen, was Sie ihm zeigen.

… zum Sprechen, Fühlen, Entdecken und Bewegen

Für 5–12 Monate

Entdecken

In welcher Hand?

Das fördern Sie:

visuelle Wahrnehmung, Selbstvertrauen, Motorik

Das brauchen Sie:

ein kleines Spielzeug

So geht es:

- Lassen Sie ein Kind zusehen, wie Sie ein kleines Spielzeug auf eine Ihrer Handflächen legen. Ballen Sie dann beide Hände zu Fäusten.

- Strecken Sie dem Kind beide Fäuste entgegen. Lassen Sie es zeigen, in welcher Hand sich das Spielzeug befindet. Wenn es die richtige Hand wählt, klatschen Sie, loben Sie es, und freuen Sie sich mit dem Kind über den „Treffer".

Variante:

Erweitern Sie das Spiel, indem Sie die Sachen unter einem Becher verstecken.

Für 5–12 Monate

Wo ist das Äffchen?

Das fördern Sie:

visuelle Wahrnehmung, Selbstvertrauen

Das brauchen Sie:

1 Schuhkarton, vertraute Gegenstände

So geht es:

- Drehen Sie den Schuhkarton mit der Öffnung nach unten, und legen Sie einen Gegenstand darunter, den das Kind kennt. Sie könnten z.B. ein Stoffäffchen nehmen. Das Kind sieht zu, wie Sie das Äffchen unter den Karton legen.

- Fragen Sie das Kind: *„Wo ist das Äffchen geblieben? Kannst du das Äffchen suchen?"*

- Wenn das Kind Hilfe braucht, klopfen Sie auf den Karton und gucken kurz darunter. Dabei könnten Sie dieses Lied zu der Melodie von „Ein Männlein steht im Walde" singen.

   Das Äffchen ist verschwunden, wo ist es hin?
   Kannst du es wiederfinden? Wo ist es hin?
   Schau mal unter dem Karton,
   schau mal unter dem Karton
   und da ist das Äffchen wieder da!

Entdecken

Für 5–18 Monate

Entdecken

Überraschung

Das fördern Sie:

Feinmotorik, Aufmerksamkeit, Neugier

Das brauchen Sie:

eine leere Papiertaschentuchpackung, mehrere bunte Taschentücher oder Halstücher

So geht es:

- Knoten Sie die Taschentücher und Halstücher fest an einer Ecke zusammen, bis Sie ein langes Seil aus Tüchern haben.

- Stopfen Sie die „Tücherkette" in die Verpackung. Lassen Sie einen Zipfel aus der Öffnung hervorstehen. Stellen Sie die Packung dann auf den Boden, ohne die Kinder darauf aufmerksam zu machen. Lassen Sie sie nicht unbeaufsichtigt.

- Wenn ein Kind die Packung entdeckt, wird es anfangen, an der „Kette" zu ziehen. Kommentieren Sie, was das Kind macht: „Oh, schau mal! Eine Überraschung! Da kommt noch ein Tuch. Es ist lila. Wie viele Tücher sind wohl in der Packung? Zieh mal weiter!"

- Sprechen Sie mit den Kindern über die Farben der Tücher, über die Muster und über die Anzahl der Tücher in der Packung.

Das ist wichtig:

Bewahren Sie die Packung nach dem Spielen außerhalb der Reichweite der Kinder auf.

Für 5–18 Monate

Deckel auf, Deckel zu!

Entdecken

Das fördern Sie:

Feinmotorik, Aufmerksamkeit, Konzentration, naturwissenschaftliche Grunderfahrung

Das brauchen Sie:

Schuhkartons mit Deckel, einen Korb oder eine große Schüssel, Spielzeuge, wie z.B. Bausteine, Bälle und Plastikautos

So geht es:

- Verteilen Sie fünf bis acht Schuhkartons mit Deckel auf dem Boden.
- Stellen Sie einen großen Korb oder eine große Schüssel für Spielzeuge bereit.
- Zeigen Sie den Kindern, wie sie den Deckel von einem Schuhkarton abnehmen, ein Spielzeug hineinlegen und den Deckel wieder aufsetzen können. Machen Sie es immer wieder vor, bis die Kinder beginnen, es Ihnen nachzumachen.
- Lassen Sie die Kinder Spielzeuge in die Kartons legen, sie wieder herausnehmen, sie von einem Karton in den nächsten räumen. Dabei sollen sie möglichst jeweils den Deckel abnehmen und wieder auf die Schachtel legen. Dies ist eine gute Übung für die Motorik.
- Sprechen Sie dazu: *„Ich mache den Deckel auf. Ich mache den Deckel zu."*

... zum Sprechen, Fühlen, Entdecken und Bewegen

Für 5–18 Monate

Entdecken

Mini-Maracas

Das fördern Sie:

Hörfähigkeit, Feinmotorik

Das brauchen Sie:

Filmdöschen oder andere kleine Plastikbehälter mit Deckel, Sachen, die Geräusche machen (Sand, kleine Steine, Büroklammern, Perlen), Klebstoff

So geht es:

- Füllen Sie jedes Döschen zu einem Drittel mit den verschiedenen Materialien, z.B. Sand, Büroklammern, Steinchen und Perlen.
- Kleben Sie die Deckel auf die Döschen, und lassen Sie den Klebstoff trocknen.
- Schütteln Sie die einzelnen Mini-Maracas, und lauschen Sie den unterschiedlichen Geräuschen, die dabei entstehen.
- Ermuntern Sie die Kinder, sie ebenfalls zu schütteln.
- Spielen Sie Musik ab, und lassen Sie die Kinder die Musik mit einem ordentlichen Schüttelrhythmus begleiten!

Das ist wichtig:

Überprüfen Sie regelmäßig, ob die Deckel noch festsitzen.

Für 5–36 Monate

Spieglein an der Wand

Das fördern Sie:

visuelle Wahrnehmung, Körperbewusstsein

Das brauchen Sie:

ein Spiegel

So geht es:

- Stellen Sie sich vor einen großen Spiegel.
- Nehmen Sie das Kind auf den Arm, oder lassen Sie es neben sich stehen. Bringen Sie Ihr Gesicht auf die gleiche Höhe wie das Gesicht des Kindes.
- Nehmen Sie im Spiegel Blickkontakt mit dem Kind auf.
- Schürzen Sie die Lippen, lächeln Sie, zeigen Sie Ihre Zähne, lecken Sie sich über die Lippen, zeigen Sie Ihre Zunge, formen Sie ein stummes „O" mit dem Mund, oder machen Sie ähnliche Bewegungen.
- Sagen Sie dabei immer, was Sie machen, z.B.: *„Ich zeige meine Zunge."*
- Ermuntern Sie das Kind, Ihre Bewegungen nachzumachen, wenn es dies nicht schon von selbst tut. Fragen Sie: *„Machst du mir das nach?"*
- Vielleicht lassen Sie das Kind auch Bewegungen oder Grimassen vormachen, die Sie nachmachen.

Tipp:

Dieses Spiel macht besonders viel Spaß, wenn mehrere Kinder mitmachen.

Entdecken

… zum Sprechen, Fühlen, Entdecken und Bewegen

Für 6–12 Monate

Entdecken

Spiegel-Spiele

Das fördern Sie:

Körperbewusstsein, visuelle Wahrnehmung

Das brauchen Sie:

einen unzerbrechlichen Spiegel

So geht es:

- Halten Sie einen Spiegel seitlich neben das Gesicht eines Kindes.
- Sagen Sie: *„Wo ist die Hannah (Name des Kindes)?"* Lenken Sie so seine Aufmerksamkeit auf den Spiegel.
- Wenn das Kind in den Spiegel schaut, bewegen Sie ihn langsam an seinem Gesicht vorbei. Der Spiegel sollte dabei immer in Augenhöhe des Kindes sein.
- Fragen Sie: *„Wo ist die Hannah (Name des Kindes)? Siehst du die Hannah?"* Damit ermuntern Sie das Kind, dem Spiegel mit dem Blick zu folgen.
- Bewegen Sie den Spiegel weiter, bis er auf der anderen Seite des Kopfes angekommen ist.

Tipp:

Um den Kindern die Möglichkeit zu geben, häufig in einen Spiegel zu sehen und sich selbst und andere zu beobachten, können Sie an verschiedenen Stellen Spiegel aufhängen. So können die Kinder im Freispiel ganz selbstständig ihr Spiegelbild entdecken.

Für 8–18 Monate

Klammerrasseln

Das fördern Sie:

Hörfähigkeit, Feinmotorik, naturwissenschaftliche Grunderfahrung

Das brauchen Sie:

leere, saubere Kunststoffflaschen, hölzerne Wäscheklammern

So geht es:

- Zeigen Sie den Kindern, wie sie Wäscheklammern durch die Öffnung der Flasche stecken können.
- Schütteln Sie die Flasche, damit die Wäscheklammern ordentlich klappern. Lassen Sie die Kinder die Flasche schütteln.
- Ermuntern Sie die Kinder, die Klammern wieder aus der Flasche herauszuholen. Lassen Sie ihnen ausreichend Zeit, es selbst zu versuchen.
- Anschließend müssen die Klammern wieder in die Flasche gefüllt werden, damit die Kinder wieder Klammerrasseln haben.

Tipp:

Nehmen Sie dieses Spiel auch zum Anlass, um mit den Kindern über das Prinzip „rein und raus" und „voll und leer" zu sprechen.

Entdecken

... zum Sprechen, Fühlen, Entdecken und Bewegen

Für 8–18 Monate

Lichtlein fangen

Das fördern Sie:

visuelle Wahrnehmung, Konzentration

Das brauchen Sie:

eine Taschenlampe

So geht es:

- Verdunkeln Sie den Raum, und schalten Sie eine Taschenlampe ein.
- Lassen Sie den Lichtstrahl durch den Raum wandern. Die Kinder werden ihm mit den Augen folgen.
- Lenken Sie den Lichtpunkt so nah an die Kinder, dass sie ihn greifen können. Achten Sie dabei aber darauf, die Kinder nicht zu blenden.

Tipp:

Ein an der Decke oder Wand „tanzender" Lichtpunkt wirkt beruhigend und kann eine willkommene Einschlafhilfe für die Kleinen sein.

Variante:

Besorgen Sie sich verschiedene Taschenlampen. Es gibt die unterschiedlichsten Variationen, die jeweils andere Lichtkegel abstrahlen. Lassen Sie die Kinder entdecken, dass die Lichtflecke an der Wand unterschiedlich aussehen.

Entdecken

> Für 8–24 Monate

Stapelbecher

Das fördern Sie:

Feinmotorik, Konzentration, naturwissenschaftliche Grunderfahrung

Das brauchen Sie:

einige Plastikbecher

So geht es:

- Sammeln Sie Becher zusammen, die sich stapeln lassen.
- Lassen Sie das Kind mit den Bechern spielen, und ermuntern Sie es, sie aufeinanderzustapeln und ineinanderzustecken.
- Sagen Sie etwas zu dem, was das Kind macht: *„Du stapelst den kleinen Becher auf den großen."*
- Wenn die Becher umfallen, sagen Sie: *„Komm, wir machen das noch einmal."*

Varianten:

- Sie können das Kind auch dazu ermuntern, die Becher unterschiedlich aufzustellen, z.B. hintereinander, nebeneinander, in Zweierreihen usw.
- Sind es farbige Becher, kann das Kind sie nach Farben sortieren, sind es verschieden große Becher, sortiert es sie nach der Größe.

Entdecken

... zum Sprechen, Fühlen, Entdecken und Bewegen

Für 8–24 Monate

Such mich!

Das fördern Sie:

Wahrnehmung, Selbstvertrauen, naturwissenschaftliche Grunderfahrung

Das brauchen Sie:

ein paar Kissen, einen Tisch oder eine Kiste

So geht es:

- Verstecken Sie sich hinter einem Hindernis, z.B. hinter einem Stapel Kissen, einem Tisch oder einer großen Kiste. Ermuntern Sie das Kind, Sie zu suchen.
- Wenn es Sie findet, nehmen Sie es fest in den Arm!
- Schlagen Sie einer kleinen Gruppe von Kindern vor, zusammen Verstecken zu spielen, und spielen Sie zunächst mit, bis die Kinder es selbstständig spielen können und möchten.
- Spielen Sie auch bei einem Ausflug oder Aufenthalt im Garten Verstecken. Grenzen Sie vorher immer genau ab, welcher Raum für das Spiel zur Verfügung steht, damit sich keines der Kinder zu weit weg versteckt.

Für 8–36 Monate

Flaschenzauber

Entdecken

Das fördern Sie:

Feinmotorik, visuelle Wahrnehmung, Fantasie, Entspannung

Das brauchen Sie:

durchsichtige Plastikflaschen, Wasser, Pflanzenöl, Lebensmittelfarben, Spülmittel, Glitter, Pailletten, kleine Plastiktiere, Klebstoff, Klebeband

So geht es:

- Füllen Sie eine Flasche zu gleichen Teilen mit Öl und Wasser. Fügen Sie Lebensmittelfarbe hinzu. Füllen Sie vier weitere Flaschen fast bis zum Rand mit Wasser. Geben Sie in eine Flasche etwas Spülmittel und Lebensmittelfarbe. In die zweite Flasche füllen Sie Glitter und Lebensmittelfarbe, in die dritte Pailletten und Lebensmittelfarbe und in die vierte Lebensmittelfarbe und ein paar leichte Plastiktierchen, die in der Flüssigkeit schwimmen. Sichern Sie die Flaschenverschlüsse mit Klebstoff und umwickeln Sie sie zusätzlich mit Klebeband.

- Stellen Sie die Flaschen in die Entdeckerecke im Gruppenraum. Ermuntern Sie die Kinder, die Flaschen zu schütteln und ihren Inhalt zu erkunden.

- Sprechen Sie mit den Kindern über das, was sie in den Flaschen sehen. Lenken Sie ihre Aufmerksamkeit auf Ähnlichkeiten und Unterschiede in den Flaschen.

... zum Sprechen, Fühlen, Entdecken und Bewegen

Für 8–36 Monate

Küchenmusik

Entdecken

Das fördern Sie:

Feinmotorik, Musikalität, Rhythmusgefühl, Hörfähigkeit

Das brauchen Sie:

eine Auswahl an Töpfen, Pfannen und Deckeln, Holzlöffel

So geht es:

- Geben Sie den Kindern eine Auswahl an Sachen, mit denen sie ordentlich Krach machen können. Küchenutensilien eignen sich hervorragend hierfür.

- Lassen Sie im Hintergrund Musik laufen, und ermuntern Sie die Kinder, die Musik mit ihren „Instrumenten" zu begleiten.

- Reduzieren Sie nach einer Weile die Lautstärke der Hintergrundmusik auf ein Minimum, und bitten Sie die Kinder, nun so leise zu trommeln, dass sie die Musik noch hören. Das erfordert schon ein gewisses Maß an Feingefühl, Hörvermögen und motorischer Kontrolle, wenn man in der Gruppe so leise wie nötig zur Musik trommeln soll. Eine große Herausforderung für Ihre kleinen Musikanten!

Für 8–36 Monate

Ein Sachenbild

Das fördern Sie:

Feinmotorik, taktile Wahrnehmung, Kreativität, Konzentration, Weltwissen

Das brauchen Sie:

Sachen aus Web- oder Strickstoff, z.B. 1 Socke, 1 Fausthandschuh, eine kleine Stoffpuppe und einen Waschlappen; Nadel und Faden, Klettband (Hakenseite), feste Pappe (35 x 50 cm), Flanellstoff (40 x 55 cm), breites Klebeband

So geht es:

- Nähen Sie 5 cm lange Stücke Klettband an die Stoffsachen, und beziehen Sie die Pappe mit dem Flanellstoff. Befestigen Sie diesen auf der Rückseite der Pappe mit Klebeband.

- Hängen Sie das Flanellbrett an die Wand. Achten Sie hier darauf, dass Sie es bodennah, in Krabbelhöhe der Kinder aufhängen.

- Kletten Sie die Stoffteile an dem Flanellbrett fest. Zeigen Sie den Kindern dann, wie sie die Stoffteile vom Flanell abziehen und wieder befestigen können.

- Machen Sie Bemerkungen zu den Sachen, die sie vom Flanell abziehen. Sagen Sie, was es ist und wofür man es braucht: *„Du hast einen Waschlappen. Mit einem Waschlappen kannst du dir das Gesicht waschen."* Oder: *„Du hast eine Socke. Wo kommt die Socke hin?"* Beobachten Sie, ob das Kind versucht, sich die Socke anzuziehen.

- Die Kinder haben Spaß daran, die Sachen von der Flanellunterlage abzuziehen und das typische Ratschen des Klettbandes zu hören.

Entdecken

… zum Sprechen, Fühlen, Entdecken und Bewegen

Für 12–24 Monate

Wissenschaftler am Werk

Entdecken

Das fördern Sie:

Feinmotorik, Neugier, naturwissenschaftliche Grunderfahrung

Das brauchen Sie:

verschiedene Riegel (Schubriegel, Bolzenriegel usw.), Schubladenknöpfe, Türschlösser mit Schlüssel u.Ä., ein Brett, passende Schrauben

So geht es:

- Schrauben Sie die Riegel und Griffe auf einem Brett fest.
- Hängen Sie das Brett in Augenhöhe der Kinder an eine Wand oder Schranktür.
- Ermuntern Sie die Kinder, damit zu spielen und zu experimentieren. Da gibt es viel zu schieben, zu ziehen, zu drehen, zu öffnen, zu schließen und anzufassen.

Das ist wichtig:

Achten Sie darauf, dass immer nur ein Kind mit den Riegeln spielt, damit niemand einem anderen Kind die Finger einklemmen kann.

Für 12–24 Monate

Bunte Rosetten

Das fördern Sie:

Farbgefühl, visuelle Wahrnehmung, mathematische Grunderfahrung Konzentration, Feinmotorik

Das brauchen Sie:

Geschenkrosetten, farbiges Papier, eine Schere

So geht es:

- Suchen Sie farbiges Papier, das zu den Farben der Geschenkrosetten passt. Schneiden Sie Quadrate daraus zu.
- Geben Sie den Kindern ein paar Rosetten in verschiedenen Farben und die dazugehörigen Papierquadrate.
- Helfen Sie den Kindern, die Rosetten auf das farbig passende Papier zu legen.
- Wiederholen Sie das Spiel.

Varianten:

- Lassen Sie die Kinder die Rosetten in Reihen auslegen. Auch das Papier können die Kinder in Reihen auslegen. Nun vergleichen sie, ob beide Reihen gleich viele Materialien enthalten und ob sie gleich lang sind.
- Mit dem Material können die Kinder auch Muster legen, vielleicht ein Mandala. Fotografieren Sie die Muster, und machen Sie daraus ein Wandplakat.

Entdecken

... zum Sprechen, Fühlen, Entdecken und Bewegen

Für 12–36 Monate

Kleine Reißwölfe

Entdecken

Das fördern Sie:

Feinmotorik, Konzentration, Freude am Forschen und Ausprobieren

Das brauchen Sie:

Papier, möglichst unbedruckt und nicht färbend (z.B. weißes Seidenpapier, Papierhandtücher, Makulatur, Packpapier), Pappe, Klebestifte

So geht es:

- Die Kleinen lieben es, Papier zu zerreißen. Geben Sie ihnen deswegen reichlich „Futter".

- Kommentieren Sie die Sinneseindrücke beim Papierreißen: *„Fühlt sich das Seidenpapier weich an?"* Sprechen Sie auch über die Schnipsel: *„Sieh nur, dieses Papierstück ist groß und rund."*

- Hören Sie den Kindern zu, und ermuntern Sie sie zum Sprechen. Beobachten Sie ihre feinmotorischen Fähigkeiten.

- Geben Sie den Kindern Klebestifte und feste Pappstücke. Ermuntern Sie sie, die Pappe mit Papierfetzen zu bekleben und eine bunte Collage zu gestalten.

Das ist wichtig:

In diesem Alter stecken kleine Kinder das Papier auch gerne in den Mund. Es ist also ratsam, sie bei dieser Aktivität genau im Auge zu behalten, damit sie das Papier nicht essen. Zur Sicherheit können Sie ausschließlich unbedrucktes Papier verwenden.

Für 12–36 Monate

Taktvoll

Das fördern Sie:

Rhythmusgefühl, Hörfähigkeit

Das brauchen Sie:

Rhythmusinstrumente wie Trommeln, Tamburine und Rasseln

So geht es:

- Setzen Sie sich zu den Kindern, und zeigen Sie ihnen nacheinander die verschiedenen Instrumente.

- Sagen Sie, wie man die Instrumente nennt. Spielen Sie ein wenig darauf, damit die Kinder den Klang kennenlernen.

- Helfen Sie den Kindern, auf den Instrumenten zu spielen, darauf zu trommeln und damit zu rasseln.

- Wenn Sie bei einem Kind ein besonderes Interesse für ein bestimmtes Instrument beobachten, spielen Sie Hintergrundmusik von einer Kassette oder CD ab, und ermuntern Sie es, die Musik mit dem Instrument zu begleiten.

Entdecken

... zum Sprechen, Fühlen, Entdecken und Bewegen

Für 12–36 Monate

An und aus

Entdecken

Das fördern Sie:

Raumwahrnehmung, naturwissenschaftliche Grunderfahrung

Das brauchen Sie:

mechanische Spielzeuge mit An-/Aus-Schaltern, z.B. Taschenlampen oder Lichtschalter im Raum; 1 Eimer oder Karton, kleine Spielzeuge

So geht es:

- Erkunden Sie mit den Kindern das Prinzip von an und aus, rein und raus, oben und unten.

- An und aus: Lassen Sie die Kinder mechanische Spielzeuge und Taschenlampen erkunden. Ermuntern Sie sie, mit den Schaltern zu experimentieren. Wenn die Spielzeuge und Lampen eingeschaltet sind, sagen Sie: „An." Wenn sie ausgeschaltet sind, sagen Sie: „Aus."

- Rein und raus: Lassen Sie die Kinder mit den kleinen Spielzeugen hantieren, und zeigen Sie ihnen die Eimer und Kartons. Machen Sie vor, wie man die Spielzeuge in die Eimer oder Kartons legt, und sagen Sie: „Rein." Zeigen Sie, wie man einen Eimer ausleert, und sagen Sie: „Raus."

- Rauf und runter: Stellen Sie sich neben ein Kind. Strecken Sie ihm Ihre Hände entgegen, und signalisieren Sie ihm, dass Sie es auf den Arm nehmen wollen. Wenn Sie das Kind auf den Arm nehmen, sagen Sie: „Rauf." Wenn Sie es wieder auf dem Boden absetzen möchten, fragen Sie: „Runter?"

- Wiederholen Sie diese Aktivität mehrmals nacheinander. Beschreiben Sie dabei immer den Zustand (an, aus, rein, raus, rauf, runter).

Für 12–36 Monate

Eimerspiele

Das fördern Sie:

Feinmotorik, Ausdauer, Koordination, naturwissenschaftliche Grunderfahrung

Das brauchen Sie:

1 Eimer oder anderen Behälter mit großer Öffnung (Schuhkartons, leere Kakaoschachtel usw.); eine Auswahl an Gegenständen (Wäscheklammern, Garnrollen, Flaschendeckel usw.)

So geht es:

Kleinkinder lassen mit Vorliebe Sachen in einen Behälter plumpsen – eine Tatsache, die Sie sich beim Aufräumen zunutze machen können. Die Kinder freuen sich auch, wenn Sie den Behälter wieder ausleeren, sodass sie von vorn anfangen können, ihn zu befüllen. Noch spannender wird es, wenn die Kinder es schaffen, den Behälter selbst auszuleeren.

- Sammeln Sie verschiedene Behälter mit ausreichend großer Öffnung. Befüllen Sie die Behälter mit Gegenständen. Suchen Sie nach Möglichkeit einige Gegenstände aus, die rappeln oder klappern oder andere Geräusche erzeugen, und einige Gegenstände in unterschiedlichen Farben.

- Achten Sie darauf, dass die Gegenstände groß genug sind und keine Erstickungsgefahr von ihnen ausgeht.

- Ermuntern Sie die Kinder, die Behälter leer zu machen, indem sie sie umdrehen. Und regen Sie an, dass sie die Sachen, die sie ausgeschüttet haben, wieder in den Behältern räumen.

Entdecken

... zum Sprechen, Fühlen, Entdecken und Bewegen

Für 12–36 Monate

Geräuscheraten

Entdecken

Das fördern Sie:

Hörfähigkeit, Feinmotorik, Naturerfahrung

Das brauchen Sie:

ein Aufnahme- und Abspielgerät (analog oder digital), Zeitschriften, Klebestifte, eine Kinderschere, DIN-A6-Karteikarten (für jedes Geräusch eine Karte)

So geht es:

- Nehmen Sie vertraute Geräusche aus der Umgebung der Kinder auf, z.B. ein Auto mit laufendem Motor, Regen, Hundegebell, Musikinstrumente, das Ticken einer Uhr usw.

- Beginnen Sie, den Kindern die Geräusche vorzuspielen. Fragen Sie sie nach dem ersten Geräusch: *„Was war das für ein Geräusch?"* Ermuntern Sie sie, genau hinzuhören, ob das Geräusch noch einmal auftaucht. Wenn Sie es später zum zweiten Mal abspielen, helfen Sie den Kindern, das Geräusch zu benennen. Machen Sie so lange weiter, bis die Kinder das Interesse verlieren.

- Geben Sie den Kindern Zeitschriften, um Bilder von den Sachen auszuschneiden oder auszureißen, die sie gehört haben.

- Lassen Sie sie die Bilder mit einem Klebestift einstreichen und je ein Bild auf eine Karteikarte kleben.

- Geben Sie jedem Kind eine Karteikarte, und spielen Sie ein kleines Spiel: Hören Sie sich gemeinsam noch einmal die Geräusche vom Band an. Wenn die Kinder das Geräusch hören, das zu dem Bild

Für 12–36 Monate

Alle im Takt

Das fördern Sie:

Hörfähigkeit, Rhythmusgefühl

Das brauchen Sie:

einen Rhythmusstock (fertig gekauft oder aus Rundhölzern hergestellt) für jedes Kind

So geht es:

- Bitten Sie die Kinder, sich im Kreis auf den Boden zu setzen. Achten Sie darauf, dass sie reichlich Abstand voneinander halten. Geben Sie jedem Kind einen Rhythmusstock.

- Erläutern Sie den Kindern, dass sie das nachmachen sollen, was Sie vormachen, sagen Sie den Kindern z.B.: *„Lasst euren Stock das machen, was meiner macht."* Klopfen Sie auf den Boden vor Ihnen, und sagen Sie: *„Tock, tock, tock, STOPP."* Bei jedem „tock" schlägt Ihr Stock auf den Boden.

Tipp:

Wenn Sie keine Rhythmusstöcke haben, können Sie sie aus Rundhölzern selbst anfertigen. Am besten geeignet sind Harthölzer mit einem Durchmesser von etwa 2 cm. Schneiden Sie sie in ungefähr 15 cm lange Stücke, und schleifen Sie die Enden ab, damit die Kinder sich nicht daran verletzen.

Entdecken

… zum Sprechen, Fühlen, Entdecken und Bewegen

Für 12–36 Monate

Wassermalerei

Entdecken

Das fördern Sie:

Kreativität, Neugier, Motorik, naturwissenschaftliche Grunderfahrung

Das brauchen Sie:

ein paar Eimer, breite Pinsel, Wasser

So geht es:

- Nutzen Sie einen warmen Tag, und füllen Sie etwas Wasser in ein paar Eimer. Bringen Sie die Eimer nach draußen.
- Geben Sie jedem Kind einen Pinsel.
- Lassen Sie die Kinder ihre Pinsel in das Wasser tunken und den Gehsteig, die Wände, die Tische und alles andere anmalen, was sich in der Nähe befindet.
- Beobachten Sie mit den Kindern, wie die Kunstwerke wieder verschwinden, weil die Sonne das Wasser verdunsten lässt.
- Experimentieren Sie mit älteren Kindern, wo die Bilder länger halten und wo sie schneller verschwinden.

Für 12–36 Monate

Genau gleich

Das fördern Sie:

visuelle Wahrnehmung, Konzentration

So geht es:

- Machen Sie mit den Kindern einen Rundgang durch den Raum.

- Suchen Sie einen Gegenstand, für den es im Raum noch ein genau gleiches oder ähnliches Gegenstück gibt, z.B. einen Baustein, ein Buch, ein Fenster, einen Stuhl oder einen Lichtschalter.

- Zeigen Sie auf den Gegenstand, und sagen Sie: *„Lasst uns etwas suchen, dass genauso aussieht."* Wenn der Gegenstand klein genug ist, können Sie ihn auf Ihren weiteren Rundgang mitnehmen.

- Helfen Sie den Kindern bei der Suche nach dem Gegenstück. Wenn sie eines gefunden haben, ermuntern Sie sie, die beiden Gegenstände zu vergleichen. Vergessen Sie auch nicht, die Kinder dafür zu loben, wie genau sie hingesehen haben.

Entdecken

Für 12–36 Monate

Hört ihr das?

Entdecken

Das fördern Sie:

Hörfähigkeit, Aufmerksamkeit

Das brauchen Sie:

Musikspielzeug zum Aufziehen, eine Spieldose oder einen Küchentimer

So geht es:

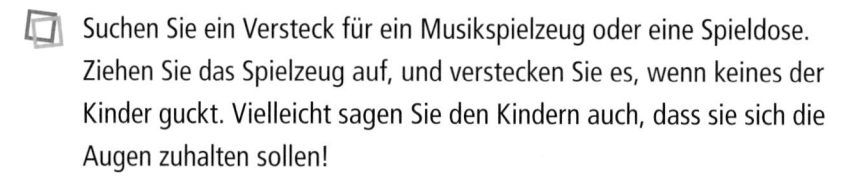

- Suchen Sie ein Versteck für ein Musikspielzeug oder eine Spieldose. Ziehen Sie das Spielzeug auf, und verstecken Sie es, wenn keines der Kinder guckt. Vielleicht sagen Sie den Kindern auch, dass sie sich die Augen zuhalten sollen!
- Die Kinder gehen einzeln oder in kleinen Gruppen los, folgen dem Geräusch und suchen das Versteck.

Tipp:

Spielen Sie das Spiel, wenn eine Phase am Tag gerade zu Ende geht, z.B. das Freispiel, und die Kinder sich sammeln sollen.

Variante:

Verstecken Sie das Spielzeug, wenn die Kinder nicht im Raum sind. Wenn sie wiederkommen, fragen Sie: *„Hört ihr etwas?"* Ermuntern Sie sie, nach der Geräuschquelle zu suchen. Dies ist eine besonders gute Übung für das Hörvermögen der Kinder.

Für 12–36 Monate

Flaschenschätze

Das fördern Sie:

Feinmotorik, visuelle Wahrnehmung, Fantasie, Entspannung

Das brauchen Sie:

leere Plastikflaschen, Wasser, Lebensmittelfarbe (nicht zwingend), Perlen, Pailletten, Knöpfe, Murmeln, kleine Muscheln, Klebstoff, Klebeband

So geht es:

- Waschen Sie die Plastikflaschen gründlich aus. Entfernen Sie die Etiketten. Füllen Sie die Flaschen mit Wasser, und fügen Sie Perlen, Pailletten, Knöpfe und Murmeln hinzu. Wenn Sie möchten, können Sie auch einen Tropfen Lebensmittelfarbe ins Wasser geben.

- Schrauben Sie die Verschlüsse auf, und streichen Sie etwas Klebstoff an den Verschlussrand, bevor Sie sie wieder fest zudrehen. Wickeln Sie noch Klebeband darüber, um sicherzugehen, dass die Verschlüsse halten. Überprüfen Sie die Deckel von Zeit zu Zeit auf ihre Dichtigkeit.

- Ermuntern Sie die Kinder, die Flaschen zu schütteln und zu sehen, wie alles in Bewegung gerät. Sprechen Sie über das Gewicht der kleinen Teilchen im Wasser. Den Kindern wird es großen Spaß machen, die Flaschen auf den Kopf zu stellen und zuzusehen, wie sich die Sachen darin bewegen.

Tipp:

Diese „Schatzflaschen" sind bei hellem Sonnenlicht besonders spektakulär.

Entdecken

… zum Sprechen, Fühlen, Entdecken und Bewegen

Für 12–36 Monate

Deckel-Sortiment

Entdecken

Das fördern Sie:

mathematische Grunderfahrung, visuelle Wahrnehmung, Ausdauer, Konzentration

Das brauchen Sie:

große Schraubdeckel aus Plastik oder Metall, Schüsseln oder kleine Körbe

So geht es:

- Stellen Sie eine Schüssel mit vielen Schraubdeckeln vor die Kinder. Daneben stellen Sie einige Körbe oder Schüsseln.
- Ermuntern Sie die Kinder, in jede Schüssel einen Deckel zu legen, bis es keine leeren Schüsseln mehr gibt.

Varianten:

- Lassen Sie sie die Kinder die Deckel nach Farbe oder Typ neu sortieren.
- Bitten Sie die Kinder, in jede Schüssel zwei Schraubdeckel zu legen.
- Bitten Sie ältere Kinder, alle Schraubdeckel gleichmäßig in alle Schüsseln zu verteilen. Lassen Sie sie diese schwere Aufgabe ruhig ausprobieren, bis sie es schaffen.

Für 18–36 Monate

Baustein-Sortiment

Das fördern Sie:

mathematische Grunderfahrung, Ausdauer, Konzentration

Das brauchen Sie:

2 Körbe, Bausteine in 2 verschiedenen Farben und Größen

So geht es:

- Stellen Sie die beiden Körbe vor eine kleine Gruppe Kinder.
- Schütten Sie Bausteine in zwei Farben daneben aus.
- Bitten Sie die Kinder, die Bausteine nach Farben in die beiden Körbe zu sortieren.
- Wenn sie die Bausteine nach ihrer Farbe sortiert haben, geben Sie ihnen größere oder kleinere Bausteine in derselben Farbe, und lassen sie sie nach der Größe (groß und klein) sortieren.
- Regen Sie die Kinder an, selbst Ordnungssysteme zu erfinden.

Tipp:

Erlauben Sie den Kindern, im Anschluss mit den Bausteinen zu spielen, so vertiefen sie das Gelernte.

Entdecken

... zum Sprechen, Fühlen, Entdecken und Bewegen

Für 18–36 Monate

Entdecken

Wer wohnt hier?

Das fördern Sie:

visuelle Wahrnehmung, Aufmerksamkeit, Wortschatz, mathematische Grunderfahrung

Das brauchen Sie:

3 Kartons in 3 verschiedenen Größen, 3 Stofftiere in 3 verschiedenen Größen; evtl. Farben zum Bemalen

So geht es:

- Stellen Sie die Kartons nebeneinander auf den Boden. Verteilen Sie die Stofftiere um die Kartons.
- Helfen Sie den Kindern, die Tiere in den passenden Karton zu legen. Zeigen Sie ihnen, wie man herausfindet, welcher Karton für welches Tier geeignet ist.
- Begleiten Sie die Versuche der Kinder mit bestätigenden Kommentaren wie: *„Ich sehe, du versuchst, den großen Hund in den großen Karton zu legen und die kleine Katze in den kleinen Karton."* Wenn Sie die Begriffe „groß" und „klein" einsetzen, lernen die Kinder die Wörter und bekommen gleichzeitig eine Idee vom Prinzip „Größe".

Tipp:

Wenn die Kinder mögen, können sie die Kartons als Unterschlupf für die verschiedenen Tiere anmalen und bekleben.

Für 18–36 Monate

Baumforscher

Das fördern Sie:

Naturbetrachtung, Neugier, taktile Wahrnehmung

Das brauchen Sie:

einen Baum

So geht es:

- Gehen Sie mit zwei oder drei Kindern nah an einen Baum heran.
- Erkunden Sie mit den Kindern gemeinsam die Oberfläche, die Farben und den Geruch des Baumes.
- Legen Sie die Hand der Kinder auf die Rinde, und sprechen Sie darüber, wie sie sich anfühlt (rau, glatt usw.).
- Halten Sie die Augen nach Insekten auf, die im und am Baum leben, und zeigen Sie sie dem Kind.
- Sprechen Sie die Namen der Tiere und Pflanzenteile aus.
- Wenn der Baum Blätter hat, helfen Sie dem Kind, sie zu ertasten. Nehmen Sie einen Finger des Kindes, und fahren Sie den Umriss eines Blattes nach. Sprechen Sie über die Farbe und darüber, wie es sich anfühlt.
- Kehren Sie im Laufe der Jahreszeiten immer wieder zu dem Baum zurück, und verfolgen Sie die Veränderungen, die mit ihm vorgehen. Beobachten Sie die Farben, Früchte, Blüten usw.

Entdecken

... zum Sprechen, Fühlen, Entdecken und Bewegen

Für 18–36 Monate

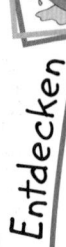

Große Wäsche

Das fördern Sie:

mathematische Grunderfahrung, Aufmerksamkeit, Konzentration

Das brauchen Sie:

einen kleinen Wäschekorb, mehrere Sockenpaare, mehrere Hemden oder T-Shirts in kräftigen Farben (oder Puppenkleider)

So geht es:

- Legen Sie die Socken und die Hemden in den Wäschekorb.
- Lassen Sie die Kinder die Kleidungsstücke in zwei Gruppen sortieren: Socken und Hemden.
- Sprechen Sie auch über das, was die Kinder tun: „Ich sehe, du hast eine Socke. Welche Farbe hat diese Socke?" Oder fragen Sie: „Wer kann ein blaues Hemd finden?"

Varianten:

- Lassen Sie die Kinder die Socken zu Paaren sortieren.
- Bringen Sie Socken in unterschiedlicher Größe ins Spiel, und lassen Sie die Kinder alle großen Socken suchen.
- Ältere Kleinkinder könnten große rote Socken suchen.

Für 18–36 Monate

Vogelsamen-Aktivitäten

Das fördern Sie:

Feinmotorik, taktile Wahrnehmung, Neugier, naturwissenschaftliche Grunderfahrung

Das brauchen Sie:

ein Babyplanschbecken, Sand- und Wasserspielsachen (Trichter, Siebe, Schaufeln, Becher, Flaschen), eine große Tüte Vogelsamen

So geht es:

- Bauen Sie draußen einen Sinnesbereich auf. Suchen Sie dafür einen Platz aus, an dem es nichts ausmacht, wenn die Vogelsamen dort verstreut werden.
- Füllen Sie ein kleines Babyplanschbecken mit Vogelsamen.
- Ermuntern Sie die Kinder, zu gießen, zu schütten und zu sieben.
- Kinder finden es prima, wenn sie die Samen auch über den Rand hinaus schütten dürfen.

Tipps:

- Diese Aktivität macht besonders viel Spaß, wenn die Kinder sich ins Planschbecken mitten in die Vogelsamen setzen dürfen.
- Wenn die Aktivität beendet ist, überlassen Sie die restlichen Vogelsamen ruhig der Natur – die Vögel freuen sich darüber, und vielleicht keimt der eine oder andere Samen, und es wächst eine Blume daraus.

Entdecken

… zum Sprechen, Fühlen, Entdecken und Bewegen

Für 18–36 Monate

Spielsachen-Sortiment

Entdecken

Das fördern Sie:

mathematische Grunderfahrung, Ausdauer, Konzentration, Farbkenntnisse

Das brauchen Sie:

eine Auswahl an Spielzeugen, z.B. Duplo®-Bausteine, Holzbausteine, Rasseln und Schnapp-Perlen, die für Kleinkinder geeignet sind; Schüsseln, Körbe oder andere Behälter

So geht es:

- Legen Sie die Spielsachen auf einen Tisch oder einen Spielteppich. Zu Beginn sind alle Spielsachen bunt durcheinandergemischt.

- Ermuntern Sie die Kinder (etwa zwei bis drei Kinder), die Spielsachen in unterschiedliche Behälter zu sortieren.

- Fordern Sie die Kinder auf, die Spielsachen umzuräumen und z.B. nach Farben, Formen oder ihrer Spielzeugart zu sortieren.

- Lassen Sie die Kinder ausprobieren, ob die Sachen auf unterschiedliche Art in die Behälter passen, also z.B. gelegt oder gestellt oder einfach hineingeworfen werden können.

Für 18–36 Monate

Kunst am laufenden Meter

Das fördern Sie:

Konzentration, Motorik

Das brauchen Sie:

festes Packpapier, ein flaches Backblech (mit mindestens einer randlosen Seite), Temperafarbe, einen großen Ball

So geht es:

- Legen Sie einen langen Streifen Packpapier auf dem Gehsteig aus.
- Geben Sie Farbe auf das Backblech, und stellen Sie es an ein Ende des Papierstreifens.
- Lassen Sie die Kinder einen Ball erst durch die Farblache auf dem Backblech und dann über das Papier rollen. Dabei müssen die Kinder den Ball lenken, damit er nicht von der Papierbahn rollt.

Tipp:

Hängen Sie das getrocknete Riesenbild auf, oder nutzen Sie es als Tischdecke beim nächsten großen Fest.

Entdecken

... zum Sprechen, Fühlen, Entdecken und Bewegen

Für 20–36 Monate

Klopft mir nach!

Das fördern Sie:

Hörfähigkeit, Rhythmusgefühl, Konzentration

Das brauchen Sie:

eine kleine Trommel oder ein Tamburin

So geht es:

- Versammeln Sie eine kleine Gruppe von Kindern in einem Kreis.
- Zeigen Sie ihnen die Trommel, und schlagen Sie ein paar Mal mit den Fingern darauf.
- Machen Sie ein einfaches Klopfmuster vor.
- Reichen Sie die Trommel im Kreis herum, und bitten Sie die Kinder, ihr Klopfmuster zu wiederholen.
- Dann bitten Sie die Kinder, sich nacheinander ein eigenes Muster auszudenken.
- Wenn eines der Kinder sich ein Muster ausgedacht und es vorgespielt hat, reicht es die Trommel weiter, sodass die anderen Kinder es nachspielen können.
- Machen Sie so lange weiter, bis alle Kinder Gelegenheit hatten, die Trommel zu schlagen oder bis die Kinder das Interesse verlieren.

Entdecken

Für 24–36 Monate

Ping-Pong-Bahn

Entdecken

Das fördern Sie:

Feinmotorik, visuelle Wahrnehmung, Konzentration

Das brauchen Sie:

Pappröhren (z.B. von Geschenkpapier), Reste von Selbstklebefolie (verschiedene Farben), Wachskreiden, Aufkleber, eine kindersichere Schere, Tischtennisbälle

So geht es:

- Lassen Sie die Kinder die Pappröhren mit Folienresten, Aufklebern und Wachskreiden verzieren.

- Wenn die Pappröhren schön bunt angemalt und beklebt sind, geben Sie den Kindern Tischtennisbälle. Ermuntern Sie sie, die Bälle durch die Röhren rollen zu lassen.

- Zeigen Sie ihnen, wie sie die Röhren gegen eine Wand lehnen oder an einem Geländer oder einem Zaun festbinden können. Die Kinder lassen den Ball am oberen Ende in die Röhre gleiten und sehen zu, wie er am unteren Ende wieder herauskommt.

- Unterstützen Sie die Kinder, wenn sie versuchen, mehrere Pappröhren zu verbinden, um eine lange Kugelbahn herzustellen.

Für 24–36 Monate

Tierpaare

Entdecken

Das fördern Sie:

Feinmotorik, visuelle Wahrnehmung, Konzentration

Das brauchen Sie:

Zeitschriften mit Tierbildern, Kinderscheren, Klebestifte, DIN-A6-Karteikarten, ein Laminiergerät

So geht es:

- Helfen Sie den Kindern, Bilder von Tieren aus Zeitschriften auszuschneiden oder auszureißen. Bitten Sie sie, mindestens zwei Fotos von jedem Tier zu finden.

- Die Kinder streichen die Bilder mit Klebestift ein, und kleben Sie jeweils auf eine Karteikarte. Schneiden Sie die Karten dann auf eine möglichst einheitliche Größe zu.

- Legen Sie die Karten dann in mehreren Reihen mit dem Bild nach unten auf einen Tisch oder auf den Fußboden. Jeder Spieler dreht zwei Karten um. Wenn die Karten zusammenpassen, kann das Kind das Paar behalten und darf zwei weitere Karten umdrehen. Wenn die Karten nicht das gleiche Tier zeigen, werden sie wieder mit dem Bild nach unten hingelegt und das nächste Kind ist an der Reihe.

- Das Spiel ist zu Ende, wenn alle Paare gefunden sind. Wenn den Kindern das Spiel zu einfach ist, legen Sie einfach weitere Tierpaare dazu.

Tipp:

Laminieren Sie die Karten, um sie haltbarer zu machen.

Für 24–36 Monate

Muffinblumen

Das fördern Sie:

Feinmotorik, Kreativität

Das brauchen Sie:

Muffinförmchen aus Papier, kleine Schwämmchen, Wasserfarben, Paletten zum Anrühren und Tupfen (z.B. Pappteller), Klebstoff, 1 großes grünes Tonpapier

So geht es:

- Rühren Sie einige Farben recht flüssig auf Paletten an.
- Geben Sie jedem Kind ein oder mehrere Muffinförmchen.
- Zeigen Sie den Kindern, wie sie mit den Schwämmchen in die Farbe und dann auf die Muffinförmchen tupfen können.
- Lassen Sie die Förmchen trocknen.
- Helfen Sie den Kindern, ihre „Blüten" auf ein großes grünes Papier zu kleben.
- Schmücken Sie eine Wand mit diesen bunten Blüten-Kunstwerken.

Entdecken

… zum Sprechen, Fühlen, Entdecken und Bewegen

Für 24–36 Monate

Entdecken

Versteckte Bilder

Das fördern Sie:

visuelle Wahrnehmung, Wortschatz, Sprechfreude

Das brauchen Sie:

farbiges Transparentpapier, Bilder von vertrauten Gegenständen

So geht es:

- Legen Sie mehrere Bögen Transparentpapier in unterschiedlichen Farben auf das Bild eines vertrauten Gegenstands. Legen Sie z.B. ein Bild von einem Apfel unter ein rotes, ein blaues und ein grünes Blatt Transparentpapier.
- Lassen Sie die Kinder raten, um welchen Gegenstand es sich handelt.
- Wenn sie es nicht erraten können, nehmen Sie das oberste Blatt weg und lassen die Kleinen weiterraten.
- Machen Sie so weiter, bis die Kinder erraten, was auf dem Bild zu sehen ist.

Tipp:

Sie können diese Aktivität auch sehr gut zum Anlass nehmen, um mit den Kindern über Farben zu sprechen.

Für 24–36 Monate

Ei, Ei!

Das fördern Sie:

Feinmotorik, Konzentration, mathematisches Grundwissen, Farbwörterwissen

Das brauchen Sie:

10 bunte Plastikeier, 1 Korb, 1 leeren Eierkarton

So geht es:

- Legen Sie die Eier in den Korb. Stellen Sie den Korb und den leeren Eierkarton auf den Boden, und lassen Sie die Kinder mit den Eiern, dem Korb und dem Eierkarton spielen.

- Ermuntern Sie die Kinder, die Eier in die Vertiefungen im Eierkarton zu stecken und sie in den Korb zu legen.

- Sprechen Sie über die Farben der Eier, oder zählen Sie die Eier, wenn die Kinder sie in den Korb legen: „Ist der Korb voll?" oder „Ist der Korb leer?"

- Lassen Sie die Kinder die Eier nach bestimmten Vorgaben vom Korb in den Eierkarton legen. Bitten Sie sie z.B., das rote Ei in den Karton zu stecken, dann das blaue Ei usw. Geben Sie einfache, klare Anweisungen, bei denen es jeweils um ein einzelnes Ei geht. Lösbare Aufgaben verschaffen den Kindern Erfolgserlebnisse.

- Ältere Kleinkinder können schon Anweisungen mit mehreren Eiern gleichzeitig folgen. Sagen Sie z.B.: „Gib mir bitte drei Eier aus dem Korb." Zählen Sie mit, wenn Ihnen das Kind die Eier in die Hand legt.

- Falls Sie mehrere Eier in der gleichen Farbe haben, lassen Sie die Kinder die Eier nach Farben sortieren.

Entdecken

... zum Sprechen, Fühlen, Entdecken und Bewegen

Für 24–36 Monate

Entdecken

Befüllen und Ausgießen

Das fördern Sie:

Feinmotorik, mathematische Grunderfahrung, naturwissenschaftliche Grunderfahrung

Das brauchen Sie:

für jedes Kind 1 Tablett, Muggelsteine, Kastanien, Eicheln o.Ä., kleine Plastikkrüge, kleine Becher aus Pappe oder Plastik

So geht es:

Bei dieser Aktivität üben die Kinder, aus einem Krug zu gießen, und lernen das Prinzip „voll" durch eigene Anschauung kennen:

- Stellen Sie die Tabletts bereit. Stellen Sie auf jedes Tablett einen Krug und einen Becher. Legen Sie für die Kinder auch kleine Materialien zum Befüllen der Krüge bereit.

- Lassen Sie die Kinder die kleinen Materialien in die Krüge füllen und wieder in die Becher ausgießen.

Variante:

Gehen Sie mit den Kindern raus oder in einen Nassraum, und lassen Sie sie dort auch das Gießen mit Wasser üben.

Für 24–36 Monate

Spritzbilder

Das fördern Sie:

Feinmotorik, Kreativität, naturwissenschaftliche Grunderfahrung

Das brauchen Sie:

leere Klebstoffflaschen oder kleine Trinkflaschen mit „Saugstöpsel", Temperafarben, einen Malkittel für jedes Kind, Papier, evtl. T-Shirts zum Bemalen

So geht es:

- Nehmen Sie die Tüllen von mehreren leeren Quetschflaschen ab, füllen Sie Farbe in die Flaschen, und schrauben Sie die Tüllen wieder auf.
- Ziehen Sie jedem Kind einen Malkittel an.
- Geben Sie jedem Kind ein Stück Papier, und ermuntern Sie es, mit Hilfe des Farbstrahls aus den Quetschflaschen Bilder zu malen.

Variante:

Nehmen Sie Textilfarbe und T-Shirts statt Temperafarbe und Papier, und lassen Sie die Kinder ihre eigenen T-Shirts gestalten.

Tipp:

Führen Sie die Aktion im Freien durch, dann können die Kinder sich unbedarfter bewegen.

Entdecken

... zum Sprechen, Fühlen, Entdecken und Bewegen

Für 24–36 Monate

Freunde angeln

Das fördern Sie:

Geduld, Konzentration, Feinmotorik

Das brauchen Sie:

einen Fotoapparat, Fotokarton in unterschiedlichen Farben, eine Schere oder ein Teppichmesser, ein Klebestift, ein Laminiergerät, 4 kleine Plastikschaufeln und 4 kleine Plastikeimer, ein kleines Planschbecken oder einen Plastikwäschekorb

So geht es:

- Machen Sie von jedem Kind zwei Fotos. Drucken Sie sie aus. Die Bilder sollten nicht größer als 9 x 13 cm sein. Schneiden Sie Fische aus Tonpapier zu. Kleben Sie auf jeden Fisch ein Kinderfoto (pro Kind zwei Fische). Laminieren Sie die Fische, damit sie haltbar bleiben.

- Legen Sie die Fische in das leere Planschbecken. Geben Sie jedem Kind eine Schaufel und einen „Fischeimer", und lassen Sie vier Kinder „nach ihren Freunden angeln". Wenn ein Kind einen Freund angelt, fragen Sie es nach dem Namen des Freundes. Das Kind darf den Fisch jetzt in seinen leeren Plastikeimer legen.

- Lassen Sie das Kind dann erneut auf Fischzug gehen. Fragen Sie es, ob der Freund auf dem nächsten Beutefisch dasselbe Kind ist wie auf dem ersten Fisch, den es gefangen hat. Wenn es dasselbe Kind ist, legt es den zweiten Fisch zum ersten in seinen Eimer. Wenn die beiden Fotos nicht zusammenpassen, wirft das Kind den Fisch wieder zu den anderen und versucht es noch einmal.

Für 24–36 Monate

Formensammlung

Das fördern Sie:

mathematische Grunderfahrung, visuelle Wahrnehmung, Feinmotorik, Konzentration

Das brauchen Sie:

Deckel von Schuhkartons oder Fotokarton, Formen wie Kreise, Quadrate, Dreiecke, Rechtecke, Sechsecke aus Plastik oder Pappe, Filzstifte

So geht es:

- Legen Sie eine Form auf die Innenseite eines Deckels.
- Helfen Sie dem Kind, mit einem Filzstift den Umriss nachzufahren.
- Machen Sie es mit den anderen Formen ebenso.
- Ermuntern Sie das Kind, die Papp- oder Plastikformen wieder auf die nachgezeichneten Umrisse zu legen.
- Lassen Sie die Kinder zwei gleiche oder etwas verschiedene Formen in einen Deckel zeichnen, z.B. einen kleinen und einen etwas größeren Kreis.

Tipp:

Wenn Sie mit jüngeren Kindern arbeiten möchten, können Sie die Deckel auch schon vorbereiten.

... zum Sprechen, Fühlen, Entdecken und Bewegen

Für 24–36 Monate

Muster

Das fördern Sie:

mathematische Grunderfahrung, Aufmerksamkeit, Konzentration

Das brauchen Sie:

Stoff- oder Plastiktiere (von jeder Sorte 2 oder 3)

So geht es:

- Suchen Sie zwei Tierarten aus.
- Stellen Sie eines der Tiere vor das Kind hin, und sagen Sie: *„Das ist ein Hund."*
- Stellen Sie ein anderes Tier daneben, und sagen Sie: *„Das ist eine Katze."*
- Stellen Sie einen weiteren Hund neben die Katze, eine weitere Katze neben den zweiten Hund usw. Auf diese Weise entsteht ein a-b/a-b-Muster.
- Fragen Sie das Kind irgendwann: *„Und was kommt als Nächstes?"*
- Wenn das Kind nicht weiß, welches Tier als Nächstes kommen sollte, um das Muster fortzusetzen, helfen Sie ihm, es herauszufinden.

Variante:

Wiederholen Sie diese Aktivität mit denselben oder mit anderen Tieren. Oder legen Sie Muster mit anderen Spielsachen, Gegenständen oder Obst und Gemüse, z.B. ein Stück Mandarine neben eine Traube, daneben wieder eine Mandarine und eine Traube usw.

Für 24–36 Monate

Der Natur auf der Spur

Das fördern Sie:

Naturbetrachtung, visuelle Wahrnehmung, Feinmotorik

Das brauchen Sie:

Fundstücke aus der Natur (Tannenzapfen, Blätter, Stöckchen, Steine usw.), kleine Eimer mit Henkel (für jedes Kind einen), Fotokarton, Klebstoff, Filzstifte

So geht es:

- Stellen Sie eine Auswahl von Fundstücken zusammen, die Sie in Ihrem Außenbereich gefunden haben.
- Kleben Sie je ein Beispiel für die unterschiedlichen Sachen auf den Plakatkarton, und schreiben Sie dazu, was es ist, z.B. „Flacher Stein", „Zweig", „Blatt".
- Geben Sie jedem Kind einen Eimer, in dem es selbst Fundstücke sammeln kann.
- Bevor es losgeht, zeigen Sie den Kindern das Plakat und beschreiben die verschiedenen Sachen, nach denen sie Ausschau halten sollten.
- Gehen Sie mit den Kindern nach draußen. Hängen Sie das Plakat hier gut sichtbar auf.
- Ermuntern Sie die Kinder, nach den Sachen zu suchen, die auf dem Plakat zu sehen sind.
- Wenn Sie Ihren Ausflug in den Außenbereich beendet haben, lassen Sie die Kinder eine Collage aus ihren Fundstücken gestalten.

Entdecken

... zum Sprechen, Fühlen, Entdecken und Bewegen

Für 24–36 Monate

Gras wachsen lassen

Das fördern Sie:

Naturerfahrung, Motorik, Aufmerksamkeit

Das brauchen Sie:

große flache Schalen, Erde (keine Blumenerde), Grassamen, kleine Sandsiebe, kleine Gießkannen mit Sprenkelaufsatz, Kinderscheren

So geht es:

- Lassen Sie die Kinder die Schalen mit etwas Gartenerde füllen. Zum Schöpfen nehmen sie am besten Becher.
- Geben Sie die Grassamen in einen großen Behälter, z.B. in einen Abfalleimer.
- Geben Sie den Kindern nun etwas zum Schöpfen, z.B. Esslöffel. Verteilen Sie außerdem kleine Becher und kleine Sandsiebe.
- Lassen Sie die Kinder die Samen aussäen, etwas andrücken, angießen und sich später um die Graspflänzchen kümmern. Achten Sie darauf, dass sie nicht zu großzügig gegossen werden.

Tipp:

Nach ein paar Tagen beginnen die Pflänzchen, zu sprießen. Messen Sie alle paar Tage, und halten Sie das Wachstum der Grashalme in einer Tabelle oder mit Fotos fest. Während das Gras immer weiter wächst, können die Kinder mit kleinen Plastiktieren oder Puppen darin spielen. Das Rasenmähen können die Kinder mit Scheren erledigen, allerdings sollte das Gras nicht zu sehr gestutzt werden.

Für 24–36 Monate

Was schwimmt?

Das fördern Sie:

naturwissenschaftliche Grunderfahrung, Konzentration

Das brauchen Sie:

einen Wassertisch oder eine Plastikwanne, eine Auswahl an Gegenständen, z.B. Bausteine, große Korken, Schaumstoffbälle, Plastikdeckel und Schwämme

So geht es:

- Füllen Sie den Wassertisch oder die Wanne mit Wasser.
- Erklären Sie den Kindern die Sicherheitsregeln für Spiele mit Wasser: Erinnern Sie sie daran, dass das Wasser im Eimer oder im Wassertisch bleibt!
- Breiten Sie alle Gegenstände in Reichweite der Kinder aus.
- Fragen Sie: *„Welche Sachen schwimmen?"* Und: *„Welche Sachen gehen unter?"*
- Ermuntern Sie sie, zu experimentieren, indem sie verschiedene Gegenstände ins Wasser legen. Beobachten und besprechen Sie das, was die Kinder beobachten können.
- Fragen Sie die Kinder, welche Gegenstände leichter und welche schwerer sind. Helfen Sie ihnen, durch Problemlösestrategien herauszufinden, welche Sachen schwerer sind.

Entdecken

... zum Sprechen, Fühlen, Entdecken und Bewegen

Für 24–36 Monate

Röhrenmusik

Entdecken

Das fördern Sie:

Feinmotorik, Kreativität, Mundmotorik

Das brauchen Sie:

leere Pappröhren (von Küchen- und Geschenkpapierrollen), Selbstklebefolie, einen spitzen Stift oder ein Teppichmesser, eine Schere, Wachskreiden, Aufkleber

So geht es:

- Kleine Kinder machen gerne Krach. Helfen Sie ihnen, einfache Tröten aus Papprollen zu basteln. Verwenden Sie sie in voller Länge, oder kürzen Sie sie. Je nach Länge, werden die Tröten ein wenig anders klingen.

- Umwickeln Sie jeweils ein Ende einer Röhre mit einem 10 cm breiten Stück Selbstklebefolie, das wird das Mundstück.

- Lassen Sie die Kinder die Röhren von außen mit Aufklebern verzieren und mit Wachsmalkreiden bemalen.

- Machen Sie mehrere kleine Löcher in die Röhren (dieser Schritt ist nur für Erwachsene gedacht).

- Lassen Sie die Kinder ihre Tröten spielen. Erklären Sie ihnen, dass sich der Ton ändert, wenn sie ein oder mehrere Löcher zuhalten.

Bewegen

155 Fünf-Minuten-Spiele für die Krippe …

Für 2–8 Monate

Beinarbeit

Bewegen

Das fördern Sie:

Muskulatur, Koordination, Körpergefühl, emotionale Sicherheit (durch die intensive persönliche Zuwendung)

So geht es:

- Nutzen Sie einen ruhigen Moment oder die Wickelsituation, um sich einem Baby zu widmen.

- Wenn das Baby auf dem Rücken liegt, machen Sie mit seinen Beinchen vorsichtige Bewegungen wie beim Fahrradfahren.

- Halten Sie Ihre Hände so, dass das Kind seine Füße dagegendrücken kann, und bieten Sie etwas Widerstand.

- Strecken Sie die Beine des Babys vorsichtig nach unten aus, und lassen Sie das Baby die Beine wieder nach oben anwinkeln.

- Diese Übungen kräftigen die Muskulatur und fördern zielgerichtete Bewegungen.

Für 4–8 Monate

Bauchtraining

Das fördern Sie:

Muskulatur, Motorik, Koordination, Neugier

Das brauchen Sie:

Spiegel, kleine Gegenstände oder Spielzeuge, die die Kinder nicht verschlucken können

So geht es:

- Mit dieser Aktivität ermuntern Sie Babys, ihre Umgebung auf dem Bauch liegend zu erkunden.
- Legen Sie ein oder zwei Babys bäuchlings auf eine weiche Unterlage.
- Sprechen Sie mit den Kindern, und spielen Sie mit ihnen, während sie auf dem Bauch liegen.
- Legen Sie interessante Gegenstände, z.B. einen Spiegel und einen Schlüssel, so hin, dass die Kinder sie sehen und anfassen können.
- Ermuntern Sie die Kinder, nach den Gegenständen zu greifen, indem Sie die Spielzeuge knapp außerhalb der Reichweite der Babys hinlegen.
- Vermitteln Sie Erfolgserlebnisse, indem Sie den Kindern helfen, die Gegenstände doch noch zu greifen (schieben Sie die Spielsachen z.B. etwas näher heran).

Bewegen

... zum Sprechen, Fühlen, Entdecken und Bewegen

Für 4–12 Monate

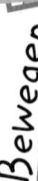

Das bewegt sich!

Bewegen

Das fördern Sie:

Grobmotorik, Aufmerksamkeit, Koordination, Muskulatur

Das brauchen Sie:

1 langes Gummiband, 1 Strandball oder ein anderes aufblasbares Spielzeug

So geht es:

Diese Aktivität ist für Momente geeignet, wenn die Kinder auf dem Boden liegen oder sitzen.

- Blasen Sie einen großen Strandball oder ein anderes großes aufblasbares Spielzeug auf. Lassen Sie es an einem Gummiband von der Decke baumeln. Machen Sie das Gummiband so lang, dass der Ball nur höchstens zehn Zentimeter über dem Boden hängt.
- Legen oder setzen Sie die Kinder so hin, dass sie gegen den Ball treten oder ihn anstoßen können.
- Bringen Sie den Ball in ihre Reichweite, und lassen Sie die Kinder ihn mit Händen oder Füßen in Bewegung versetzen.
- Loben Sie das Kind, wenn es den Ball zum Schwingen bringt: „Ah, guck mal, was du gemacht hast. Du hast den Ball angeschubst."

Das ist wichtig:

Bleiben Sie dabei in der Nähe. Die Kinder sollten den Ball nicht von der Decke ziehen oder sich im Gummiband verheddern.

Für 6–12 Monate

Wo ist das Spielzeug?

Das fördern Sie:

Muskulatur, Koordination, Motorik

Das brauchen Sie:

ein Babyspielzeug

So geht es:

- Setzen Sie das Kind bequem hin. Diese Aktivität ist für Kinder gedacht, die ohne Hilfe sitzen können.

- Zeigen Sie ihm ein Spielzeug, von dem Sie wissen, dass es ihm gefällt. Legen Sie das Spielzeug neben das Kind. Ermuntern Sie es, sich zur Seite zu wenden und sich das Spielzeug zu holen.

- Stellen Sie das Spielzeug nun auf die andere Seite. Ermuntern Sie das Kind wieder, sich dem Spielzeug zuzuwenden und es zu holen.

- Stellen Sie das Spielzeug hinter das Kind, während es Ihnen zusieht. Beobachten Sie, ob es sich umdreht, um es sich zu nehmen.

Tipp:

Nehmen Sie ein Spielzeug, das Geräusche von sich gibt. Das hilft dem Kind, es zu finden, wenn es hinter ihm steht.

Bewegen

... zum Sprechen, Fühlen, Entdecken und Bewegen

Für 6–18 Monate

Schaukelball

Bewegen

Das fördern Sie:

Muskulatur, Koordination, Körpergefühl, Gleichgewichtssinn

Das brauchen Sie:

einen großen Sitz- und Gymnastikball

So geht es:

- Verwenden Sie für diese Aktivität einen großen runden Sitz- und Gymnastikball. Der Ball sollte dem Baby etwa bis zur Taille reichen.

- Legen Sie das Kind bäuchlings auf den Ball, halten Sie es fest, und schaukeln Sie es vorsichtig hin und her.

- Ältere Kinder trauen sich vielleicht schon, die Arme und Beine weit von sich zu strecken. Dabei müssen sie ihr Gleichgewicht mit dem Rumpf und Kopf stabilisieren können. Wenn sich das Kind sicher genug fühlt, setzen Sie es auf den Ball, und schaukeln Sie es wieder leicht hin und her.

- Sehr sichere und mutige Kinder dürfen vorsichtig auf und ab hüpfen. Drücken Sie dafür leicht auf den Ball, sodass er etwas federt.

Das ist wichtig:

Natürlich müssen Sie bei dieser Übung besonders gut aufpassen, dass das Kind nicht vom Ball fällt!

Für 6–18 Monate

Kleine Akrobaten

Das fördern Sie:

Motorik, Gleichgewichtssinn, Vertrauen

So geht es:

- Setzen Sie sich auf den Boden. Wenn möglich, lehnen Sie sich dabei an eine Wand, um Ihren Rücken zu stützen.
- Setzen Sie sich ein Kind auf den Schoß, sein Gesicht Ihnen zugewandt.
- Halten Sie das Baby stützend unter den Armen. Strecken und beugen Sie Ihre Knie, sodass das Baby sanft vor und zurück schaukelt.

Tipps:

- Singen Sie dabei, oder sagen Sie ein Gedicht dazu auf. Dann macht diese kleine Übung noch mehr Spaß.
- Je älter die Kinder sind, desto „wilder" darf diese kleine akrobatische Übung sein.

Variante:

Geschickte Turner dürfen sich auch auf Ihre Knie setzen und dort schaukeln oder aber von Ihren Knien herunterrutschen. Lassen Sie die Kinder einfach ausprobieren, was sie sich zutrauen.

Bewegen

… zum Sprechen, Fühlen, Entdecken und Bewegen

Für 8–18 Monate

Bewegen

Hügeliges Gelände

Das fördern Sie:

Grobmotorik, Koordination, Aufmerksamkeit, taktile Wahrnehmung

Das brauchen Sie:

weiche Sachen (kleine Kissen, zusammengerollte Handtücher, Schwämme), ein großes Laken, Spielzeug (nicht zwingend)

So geht es:

- Legen Sie ein paar weiche Sachen nebeneinander auf den Boden.
- Decken Sie alles mit dem Laken zu.
- Setzen Sie das Kind an eine Seite des Lakens.
- Stellen oder hocken Sie sich auf die gegenüberliegende Seite, und rufen Sie den Namen des Kindes. Sie können auch ein Spielzeug in die Hand nehmen und so versuchen, die Aufmerksamkeit des Kindes zu wecken. Locken Sie das Kind über die weiche Hügellandschaft zu sich.
- Das Kind wird die Fortbewegungsart wählen, die ihm entspricht. Es wird sich drehen, krabbeln oder laufen.

Variante:

Bieten Sie als Krabbeloberfläche auch Textilien, die sich unterschiedlich anfühlen, z.B. weiche Decken, Handtücher und Teppichläufer.

Für 8–18 Monate

Hindernisparcours

Das fördern Sie:

Muskulatur, Koordination, Motorik

Das brauchen Sie:

ein Kissen und Schaumstoffblöcke bzw. -bausteine und andere Gegenstände, die ein Baby leicht über- oder umkrabbeln kann

So geht es:

- Für geübte Krabbelkinder ist ein Hindernisparcours eine spannende Sache! Legen Sie Kissen und Schaumstoffblöcke auf den Boden, über die das Kind hinwegkrabbeln kann.

- Erweitern Sie den Parcours um einige Wege, die Sie z.B. mit Seilen abgrenzen.

- Während das Kind den Parcours bezwingt, erzählen Sie eine einfache erdachte Geschichte, die den Hindernislauf begleitet. Das macht diese Bewegungsanregung für das Kind noch spannender, z.B.:
  „Heute besuchst du deinen Freund. Der wohnt weit weg. Zuerst musst du auf einen Berg steigen (ein Kissenberg). *Jetzt gehst du zum Fluss und schwimmst hindurch* (zwischen zwei Seilen entlangkrabbeln). *Achtung, da vorne sitzt ein Krokodil, klettere schnell auf den Baum hinauf* (auf einen Stuhl oder ein Polster klettern) *usw. …"*

Bewegen

... zum Sprechen, Fühlen, Entdecken und Bewegen

Für 12–18 Monate

Fingerübung

Bewegen

Das fördern Sie:

Feinmotorik, taktile Wahrnehmung

Das brauchen Sie:

Bücher verschiedenen Materials

So geht es:

- Wenn Sie einem Kind etwas vorlesen, bitten Sie es, Ihnen beim Umblättern der Seiten zu helfen.
- Anfangs müssen Sie seine Fingerchen vielleicht führen.
- Stellen Sie den Jüngsten verschiedene Bücher zur Verfügung, damit sie das Umblättern üben können. Es sollen nicht nur dicke Pappbilderbücher, sondern auch dünnere Pappbücher, aber auch Bücher mit einfachen Papierseiten sein.

Tipp:

Wenn Ihnen Bücher für dieses Spiel zu schade oder zu teuer sind, weil sie beim Üben sicher kaputtgehen, besorgen Sie sich ausrangierte Bücher aus einer Bücherei oder von einem Flohmarkt. Wenn Sie die Bücher sorgfältig reinigen, eignen sie sich hervorragend für die ersten Erfahrungen mit diesem Medium.

Für 12–24 Monate

Schmetterling, flieg!

Das fördern Sie:

Muskulatur, Hand-Auge-Koordination, Motorik, Aufmerksamkeit

Das brauchen Sie:

Wolle, eine Schere, Seidenpapier

So geht es:

- Nehmen Sie einen großen Bogen Seidenpapier, bündeln Sie ihn in der Mitte, und wickeln Sie einen Wollfaden darum. Das Seidenpapier sollte aussehen wie ein Schmetterling. Machen Sie mehrere Schmetterlinge dieser Art.

- Werfen Sie die Schmetterlinge hoch.

- Die Kinder versuchen, die Schmetterlinge aufzufangen, bevor sie auf dem Boden aufkommen.

- Spielen Sie mit den Schmetterlingen, bis die Kinder das Interesse daran verlieren. Diese Aktivität fördert speziell die Hand-Auge-Koordination.

Bewegen

... zum Sprechen, Fühlen, Entdecken und Bewegen

Für 12–24 Monate

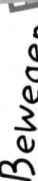

Fliegenklatscher

Das fördern Sie:

Koordination, Motorik, Aufmerksamkeit

Das brauchen Sie:

einen leichten Ball, z.B. aus Schaumstoff oder Stoff; eine Schnur, Klebeband, saubere Fliegenklatschen

So geht es:

- Befestigen Sie ein Stück Schnur an einem Ball.
- Befestigen Sie die Schnur mit Klebeband an der Zimmerdecke, sodass der Ball gerade noch in der Reichweite der Kinder hängt.
- Ermuntern Sie die Kinder, mit der Fliegenkatsche nach dem Ball zu schlagen.

Das ist wichtig:

Lassen Sie die Kinder bei diesem Spiel nicht unbeaufsichtigt, damit sie den Ball nicht von der Schnur lösen. Legen Sie Ball und Schnur nach dem Spiel beiseite.

Für 12–24 Monate

Tauziehen

Das fördern Sie:

Muskulatur, Motorik

Das brauchen Sie:

einen Schal

So geht es:

- Setzen Sie sich einem Baby oder einem jüngeren Kleinkind gegenüber.
- Nehmen Sie einen Schal, und tragen Sie ein vorsichtiges Tauziehen mit dem Kind aus.
- Probieren Sie das Tauziehen auch mit einem auf dem Bauch oder Rücken liegenden Kind.

Varianten:

- Wie viele Kinder sind nötig, um gegen Sie anzutreten? Probieren Sie es aus!
- Geben Sie zwei Kindern einen Schal, damit sie miteinander Tauziehen spielen können.

Bewegen

… zum Sprechen, Fühlen, Entdecken und Bewegen

Für 12–24 Monate

Bewegen

Wippeleien

Das fördern Sie:

Muskulatur, Koordination, Motorik, Gleichgewichtssinn

Das brauchen Sie:

Rodelteller, ein dünnes Kissen

So geht es:

- Kleine Kinder brauchen Aktivitäten mit Bewegung, um ihren Gleichgewichtssinn zu trainieren. – Besorgen Sie sich einen Rodelteller, wie Kinder ihn auf der Rodelbahn benutzen.

- Füllen Sie das Innere (die nach innen gewölbte Seite) mit einem dünnen Kissen.

- Setzen Sie ein Kind hinein, und drehen Sie den Rodelteller vorsichtig. Dabei wird der Gleichgewichtssinn von ganz allein gefordert.

- Legen Sie ein Baby auf dem Rücken in den Teller, und drehen Sie ihn vorsichtig.

Variante:

Stellen Sie älteren Kindern die Aufgabe, Blickkontakt mit Ihnen zu halten, während sie sich mit dem Teller drehen.

Für 12–24 Monate

Rollball

Das fördern Sie:

Aufmerksamkeit, Koordination, Feinmotorik, Sprache

Das brauchen Sie:

einen mittelgroßen Plastikball

So geht es:

- Setzen Sie sich mit dem Kind auf den Boden, und zeigen Sie ihm, wie es Ihnen einen Ball zurollen kann.

- Rollen Sie den Ball zum Kind zurück. Während der Ball unterwegs ist, sagen Sie: „Ba ..., Ba ..., Ba ..." Wenn der Ball beim Kind ankommt, sagen Sie: „Ball!"

- Ermuntern Sie das Kind, den Ball zu Ihnen zurückzurollen.

- Setzen Sie sich nun einem anderen Erwachsenen gegenüber auf den Boden. Beide Erwachsenen nehmen ein Kind zwischen ihre gegrätschten Beine.

- Zeigen Sie den Kindern, wie sie den Ball zwischen sich hin- und herrollen können. Helfen Sie ihnen, wenn nötig.

- Wenn der Ball von „Ihrem" Kind zum anderen Kind unterwegs ist, sagen Sie: „Da rollt der Ball." Wenn der Ball auf das andere Kind zurollt, sagt die andere Erzieherin: „Hier kommt der Ball."

Bewegen

... zum Sprechen, Fühlen, Entdecken und Bewegen

Für 12–24 Monate

Labyrinth

Bewegen

Das fördern Sie:

Koordination, Motorik, Selbstvertrauen, taktile Wahrnehmung

Das brauchen Sie:

Kartons oder Polster

So geht es:

- Stellen Sie die Möbel im Raum so um, dass Gänge entstehen, oder bauen Sie ein Labyrinth aus großen Kartons oder Polstern.
- Führen Sie die Kinder einzeln durch die Gänge des Labyrinths. Wer traut sich alleine?

Gut zu wissen:

Sie können diese Aktivität mit Krabbelkindern durchführen oder mit Kindern, die schon laufen können.

Varianten:

- Wenn Sie einen Garten zur Verfügung haben, richten Sie ein Freiluft-Labyrinth ein. Legen Sie dafür Steine, Kastanien, Äste usw. aus, um den Weg einzugrenzen.
- Legen Sie auf den Wegen des Freiluft-Labyrinths auch Materialien aus, die sich unterschiedlich anfühlen (aber weich genug für Kinderhaut sind). Lassen Sie die Kinder dann barfuß entlanggehen oder auch mit nackten Beinen krabbeln.

Für 12–24 Monate

Seilbahn am Boden

Das fördern Sie:

Muskulatur, Koordination, Motorik

Das brauchen Sie:

ein Seil oder eine dicke Schnur, Spielsachen

So geht es:

- Legen Sie mit dem Seil oder der Schnur eine gerade Linie auf den Boden.
- Lassen Sie die Kinder dieser Linie folgen. Vielleicht müssen Sie vormachen, was Sie meinen.
- Verteilen Sie kleine Spielzeuge am Rand der Linie. Machen Sie die Abstände zwischen den Spielzeugen nicht zu klein, sodass die Kinder ein paar Schritte gehen müssen, um an das nächste Spielzeug zu gelangen.
- Gestalten Sie die „Strecke" ein wenig schwieriger, und bauen Sie ein paar Kurven und Wendungen ein.
- Bitten Sie jedes Kind, ein bestimmtes Spielzeug einzusammeln und an einer anderen Stelle wieder abzulegen. So kann jedes Kind ein Spielzeug nehmen und wieder ablegen.

Bewegen

Für 12–36 Monate

Sockenpaar-Versteckspiel

Bewegen

Das fördern Sie:

Motorik, Aufmerksamkeit, visuelle Wahrnehmung

Das brauchen Sie:

mehrere Sockenpaare mit auffälligen Mustern und Farben, die sich deutlich voneinander unterscheiden

So geht es:

- Verstecken Sie von jedem Sockenpaar einen Socken im Raum. Achten Sie aber darauf, dass die Kinder das Versteck noch selbstständig finden können.
- Geben Sie jedem Kind, das am Spiel teilnehmen möchte, einen Socken.
- Fordern Sie die Kinder auf, den zweiten, passenden Socken im Raum zu finden.
- Hat ein Kind einen Socken gefunden, der nicht passt, kann es anderen Kindern Tipps zurufen, indem es sein Fundstück beschreibt, z.B.: „Hier ist ein roter Socken mit blauen Linien."

Tipp:

Haben Sie keine Sockenpaare für das Spiel, können Sie auch Handschuhe oder die Hausschuhe der Kinder verwenden. Gut geeignet sind auch farbige Tücher, die paarweise vorhanden sind.

Für 12–36 Monate

Bällespaß

Das fördern Sie:

(Hand-Auge-)Koordination, Motorik, Aufmerksamkeit

Das brauchen Sie:

unterschiedliche Softbälle

So geht es:

- Mit ein paar Bällen beschäftigen sich Babys und Kleinkinder sehr intensiv.

- Stellen Sie eine Auswahl unterschiedlich großer Bälle zusammen, und überlassen Sie sie den Kindern zunächst zum freien Spiel.

- Regen Sie dem Alter entsprechende Übungen an, z.B. rollen und greifen, hochwerfen und fangen, mit dem Fuß schießen, tragen usw.

- Ballspiele trainieren die Grobmotorik und die Beweglichkeit der Augen und regen zum Krabbeln an. Kinder, die schon laufen können, üben bei Ballspielen, in die Hocke zu gehen und wieder aufzustehen.

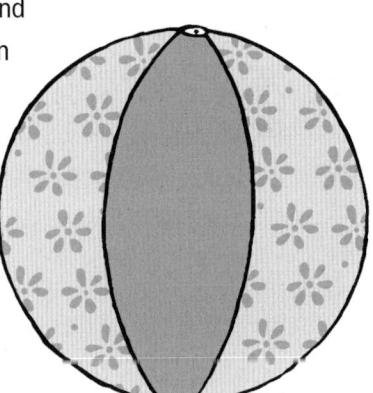

Bewegen

... zum Sprechen, Fühlen, Entdecken und Bewegen

Für 12–36 Monate

Bewegen

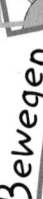

Komm, wir tanzen!

Das fördern Sie:

Grobmotorik, Aufmerksamkeit, Koordination, Rhythmusgefühl, Hörfähigkeit

Das brauchen Sie:

Aufnahmen mit Musik aus verschiedenen Kulturen, einen CD-Spieler oder Kassettenrekorder, bunte Tücher und Bänder

So geht es:

- Bitten Sie die Eltern Ihrer Kinder, Kassetten oder CDs mit Musik aus ihrem Kulturkreis zu stiften. Erklären Sie ihnen, dass es Ihnen darum geht, bei den Kindern das Bewusstsein für verschiedene Klänge und Rhythmen zu wecken.
- Spielen Sie jeden Tag für kurze Zeit etwas aus dieser Musiksammlung.
- Nehmen Sie immer wieder ein anderes Kleinkind auf den Arm, und bewegen Sie sich zur Musik. So bringen Sie auch die Kleinsten allmählich in Kontakt mit Musik und Tanz.
- Ermuntern Sie Kleinkinder, die schon stehen und gehen können, sich mit Ihnen zu bewegen und zu hüpfen.
- Geben Sie älteren Kindern Tücher und Bänder, die sie im Rhythmus der Musik schwenken können.

Für 18–36 Monate

Klatsch-Ballon

Das fördern Sie:

Motorik, Muskulatur, Koordination

Das brauchen Sie:

Luftballons

So geht es:

- Die Kinder versammeln sich in einem Bewegungsraum oder draußen im Freien.
- Jedes Kind bekommt einen aufgeblasenen Luftballon.
- Die Kinder spielen zunächst frei mit den Ballons.
- Nun zeigen Sie ihnen, wie sie mit den Händen auf ihre Ballons klatschen und patschen können und sie so vorwärts fliegen lassen oder auf dem Boden vorwärts schubsen.
- Die Kinder versuchen nun, so von einer Seite des Bewegungsraumes bis zur anderen Seite zu kommen.
- Regen Sie die Kinder an, auch mit den Füßen den Ballon voranzutreiben, wie kleine Fußballstars.

Das ist wichtig:

Blasen Sie die Ballons nicht zu fest auf, damit sie nicht so schnell platzen, denn die Lautstärke des Knalls erschreckt die Kleinen und ist gefährlich für ihr Gehör.

... zum Sprechen, Fühlen, Entdecken und Bewegen

Für 18–36 Monate

Bewegen

Spiegeltanz

Das fördern Sie:

Grobmotorik, Koordination, Rhythmusgefühl, Körperbewusstsein

Das brauchen Sie:

einen großen, unzerbrechlichen Spiegel; Aufnahmen von Musik verschiedener Kulturen mit sehr unterschiedlichen Instrumenten und Rhythmen

So geht es:

- Lassen Sie die Kinder vor dem Spiegel stehen oder sitzen.
- Spielen Sie die erste Musik.
- Die Kinder wiegen sich oder tanzen zur Musik.
- Sie können Sie ermuntern, indem Sie ihnen vormachen, wie sie sich zur Musik bewegen können. Regen Sie die Kinder auch dazu an, in die Hände zu klatschen, die Arme über den Kopf zu heben und sich zur Musik zu bewegen oder verschiedene Rhythmen auf ihrem Körper zu klopfen.
- Lenken Sie die Aufmerksamkeit der Kinder auf ihr Spiegelbild.
- Spielen Sie die zweite Musik ab, und beobachten Sie die Reaktionen der Kinder.
- Spielen Sie die verschiedenen Stücke mehrmals hintereinander ab, am besten zwei ausgewählte Musikarten. Machen Sie die Kinder auf die Besonderheiten der Musik aufmerksam, also ob die Musik laut oder leise, schnell oder langsam ist usw.

Für 18–36 Monate

Stopptanz

Das fördern Sie:

Motorik, Koordination, Bewegungsfreude

Das brauchen Sie:

CD-Spieler, lebhafte Musik

So geht es:

- Kleine Kinder tanzen gern – und ebenso gern lümmeln sie auf dem Boden herum. Kombinieren Sie beide Vorlieben, und lassen Sie sie tanzen und lümmeln. Spielen Sie Musik, und lassen Sie die Kinder tanzen.

- Wenn die Musik stoppt, lassen sich die Kinder zu Boden fallen und legen sich hin. Machen Sie es vielleicht vor, um den Kindern zu zeigen, was Sie meinen.

- Starten Sie die Musik erneut, und halten Sie sie nach einiger Zeit wieder an.

- Erweitern Sie die Palette der Bewegungen durch Winken, Klatschen und Springen.

Bewegen

... zum Sprechen, Fühlen, Entdecken und Bewegen

Für 18–36 Monate

Bewegen

Hund und Katz

Das fördern Sie:

Grobmotorik, Aufmerksamkeit, Koordination, Sozialverhalten, Selbstvertrauen

So geht es:

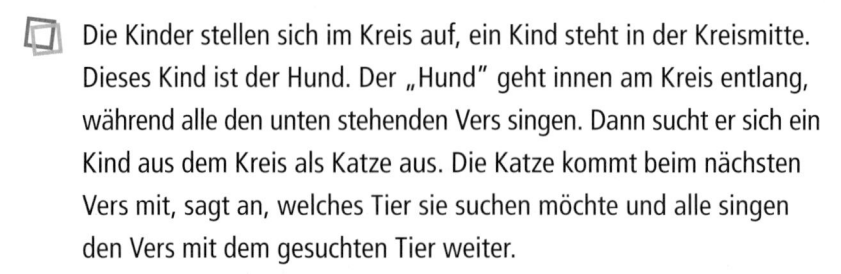

- Die Kinder stellen sich im Kreis auf, ein Kind steht in der Kreismitte. Dieses Kind ist der Hund. Der „Hund" geht innen am Kreis entlang, während alle den unten stehenden Vers singen. Dann sucht er sich ein Kind aus dem Kreis als Katze aus. Die Katze kommt beim nächsten Vers mit, sagt an, welches Tier sie suchen möchte und alle singen den Vers mit dem gesuchten Tier weiter.

- Singen Sie den Vers zu der Melodie von „Ein Schneider fängt 'ne Maus":

*Ein Hund sucht sich 'ne Katz,
ein Hund sucht sich 'ne Katz,
ein Hund sucht sich 'ne Katze-Katz,
Ki-Ka-Katzekatz,
ein Hund sucht sich 'ne Katz.*

Tipp:

Sie können statt Hund und Katze auch beliebige andere Tiere in den Singvers einsetzen, z.B. Tiere, die in einem Bilderbuch vorkommen, das die Kinder kennen.

Für 18–36 Monate

Erster Schwebebalken

Das fördern Sie:

Konzentration, Koordination, Motorik

Das brauchen Sie:

dicke Seile oder mehrere Telefonbücher, Turnbank

So geht es:

- Legen Sie mit den Seilen eine Linie auf den Boden, oder legen Sie eine Reihe von Telefonbüchern zu einem Pfad zusammen.
- Helfen Sie den Kindern, den Pfad entlangzugehen.
- Erhöhen Sie den „Schwebebalken" um weitere Telefonbücher, wenn sich die Kinder zutrauen, darauf zu gehen.
- Auf einem Seil zu balancieren, ist sehr schwer. Benutzen Sie ein besonders dickes und schweres Seil, das fest am Boden liegt. Die Kinder sollten es barfuß versuchen.
- Geschickte Kinder dürfen auch auf einer breiten Bank laufen, wenn Sie sie festhalten.

Variante:

Gehen Sie mit den Kindern hinaus, und suchen Sie dicke Baumstämme zum Balancieren. Ab etwa 24 Monaten sollten Sie Kindern diese Übung zutrauen und sie darin unterstützen, ihren Körper zu fordern.

Bewegen

... zum Sprechen, Fühlen, Entdecken und Bewegen

Für 24–36 Monate

Sockenball

Das fördern Sie:

Muskulatur, Koordination, Motorik, Aufmerksamkeit

Das brauchen Sie:

bunte Baumwollsocken (beliebige Größe), Füllwatte oder Zeitungspapier, Pappkartons

So geht es:

- Stopfen Sie die Socken mit Füllwatte oder Zeitungspapier aus, und formen Sie sie zu Bällen. Ältere Kinder können Ihnen dabei helfen. Diese Bälle sind bestens für drinnen geeignet, vor allem an kalten und verregneten Tagen.

- Lassen Sie die Kinder einander die Bälle zu zweit zurollen. Sie könnten sich auch im Kreis auf den Boden setzen und den Ball durch den Kreis einem anderen Kind zurollen.

- Bemalen oder bekleben Sie unterschiedlich große Kartons oder andere Behälter, in die die Kinder die Bälle hineinwerfen können: Sockenbasketball, eine neue Sportart …

Tipp:

Bitten Sie die Eltern um Sockenspenden – die üblichen „Einzelgänger", die es in jedem Haushalt gibt, sind sehr willkommen!

Bewegen

Für 24–36 Monate

Ballschubser

Das fördern Sie:

Muskulatur, Koordination, Motorik, Aufmerksamkeit, Körpergefühl, Hörverständnis, Wortschatz

Das brauchen Sie:

leichte Bälle (Schaumgummi), weitere verschiedene, aber kleine Bälle

So geht es:

- Die Kinder liegen auf dem Boden. Jedes Kind bekommt einen Ball.
- Nennen Sie den Kindern unterschiedliche Körperteile, mit denen sie den Ball anstoßen sollen, z.B. mit Kopf, Nase, Ohr, Arm, Finger, Hand, Beinen, Knie und Füßen.
- Lassen Sie die Kinder abwechselnd ein Körperteil sagen, mit dem alle ihren Ball schubsen sollen.

Varianten:

- Ältere Kinder können versuchen, den Ball in ein Ziel oder hinter eine Linie zu schubsen.
- Geben Sie den Kindern unterschiedliche Bälle. Lassen Sie sie ausprobieren, welcher Ball sich einfacher anschubsen lässt.

Bewegen

... zum Sprechen, Fühlen, Entdecken und Bewegen

Für 24–36 Monate

Bewegen

Hüpfkästchen

Das fördern Sie:

Muskulatur, Koordination, Motorik, mathematische Grunderfahrung

Das brauchen Sie:

farbiges Papier, Selbstklebefolie oder Laminiergerät, Klebeband

So geht es:

- Schneiden Sie verschiedene geometrische Formen aus buntem Papier aus.
- Beziehen Sie diese Formen mit Selbstklebefolie, oder laminieren Sie sie, dann sind sie haltbarer.
- Legen Sie die Formen wie ein Hüpfkästchenraster aus. Richten Sie sich dabei nach den Fähigkeiten der Kinder. Legen Sie z.B. ein Quadrat neben einen Kreis, ein Dreieck und ein Rechteck darüber.
- Sagen Sie den Kindern, auf welche farbige Form sie treten sollen.

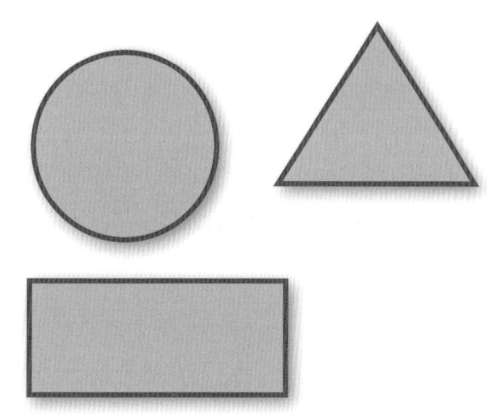

Für 24–36 Monate

Kegeln

Das fördern Sie:

Muskulatur, Koordination, Motorik

Das brauchen Sie:

9 leere Kunststoffflaschen (gleiche Größe), 1 weichen Ball, 2 Seile

So geht es:

- Stellen Sie die Flaschen wie Kegel auf.
- Legen Sie aus zwei Seilen eine Bahn zu den Kegeln aus.
- Die Kinder sind nacheinander an der Reihe und kegeln mit einem weichen Ball.
- Wird das Spiel zu einfach, füllen Sie die „Kegel" mit Wasser. Zunächst sollten Sie sie nur etwa ein Viertel und später die Hälfte voll machen und die Kinder wieder kegeln lassen. Nun wird es schon schwieriger, mit dem weichen Ball zu kegeln.

Tipp:

Wenn den Kindern das Kegelspiel gefällt, können Sie mit ihnen gemeinsam die Kegel schön gestalten. Sie kleben oder bemalen jede der Flaschen, füllen sie mit etwas Sand und verschließen sie fest (etwas Klebstoff in den Verschluss).

Bewegen

... zum Sprechen, Fühlen, Entdecken und Bewegen

Für 24–36 Monate

Bewegen

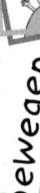

Seifenkiste

Das fördern Sie:

Muskulatur, Koordination, Motorik

Das brauchen Sie:

einen Malkittel für jedes Kind, Zeitungen, Temperafarbe, breite Pinsel, einen großen Karton (so groß, dass ein Kind darin sitzen kann), ein Seil

So geht es:

- Räumen Sie die Stühle um einen niedrigen Tisch weg, und breiten Sie Zeitungspapier darunter aus. Ziehen Sie den Kindern ihren Malkittel an.

- Stellen Sie einen großen Karton und verschiedene Farbnäpfe auf den Tisch, und geben Sie jedem Kind einen Pinsel. Mit Pinseln zu malen, ist ein gutes Training für die Feinmotorik.

- Lassen Sie den Karton trocknen.

- Wenn er trocken ist, bohren Sie ein Loch in eine Seitenwand des Kartons. Ziehen Sie ein Seil hindurch, und sichern Sie es mit einem Knoten.

- Ermuntern Sie die Kinder, den Karton zum Zug umzufunktionieren und sich gegenseitig darin herumzuschieben. Damit trainieren sie nicht nur ihre grobmotorischen Fähigkeiten, sondern gleichzeitig regt diese Aktivität sie auch zum Rollenspiel an.

155 Fünf-Minuten-Spiele für die Krippe …

Für 24–36 Monate

Schmetterlings-sammlung

Bewegen

Das fördern Sie:

Feinmotorik, Koordination, Aufmerksamkeit

Das brauchen Sie:

buntes Papier, Kinderscheren, Klebstoff, Pappröhren (von Küchenrollen oder Geschenkpapier)

So geht es:

- Schneiden Sie Schmetterlinge aus buntem Papier aus.
- Basteln Sie mit den Kindern Zauberstäbe. Die Kinder kleben Papierschnipsel auf ihre Papprolle, bis es ein bunter Stab geworden ist.
- Legen Sie alle Schmetterlinge auf den Boden, möglichst weit auseinander.
- Ermuntern Sie die Kinder (einzeln und nacheinander), so viele Schmetterlinge wie möglich zu sammeln, indem sie sie mit dem Zauberstab berühren.
- Wenn Sie ausreichend Schmetterlinge gebastelt haben, dürfen die Kinder ihre Schmetterlinge behalten und z.B. auf ein Plakat aufkleben oder einfach mit nach Hause nehmen.

... zum Sprechen, Fühlen, Entdecken und Bewegen

Für 24–36 Monate

Meine kleine Straße

Bewegen

Das fördern Sie:

Muskulatur, Koordination, Motorik, Aufmerksamkeit

Das brauchen Sie:

Abdeckklebeband, wasserfeste Filzstifte in verschiedenen Farben

So geht es:

- Markieren Sie mit Klebeband ein Straßennetz auf dem Boden des Gruppenraumes. Machen Sie es nicht zu kompliziert, versuchen Sie aber, ein paar Kreuzungen einzubauen. Dadurch wird das Straßenbild noch interessanter.

- Jedes Kind bekommt eine eigene durchgehende Straße (mit Anfang und Ende).

- Markieren Sie den Anfang jeder Straße mit einem Stückchen Klebeband. Schreiben Sie den Namen des Kindes darauf, bzw. den Namen der Straße, den ihnen das Kind nennt.

- Zeigen Sie den Kindern, wo ihre Straßen anfangen.

- Stellen Sie kleine Autos und Laster zu anderen Requisiten in der Mitte des Straßennetzes. Ermuntern Sie die Kinder, ihre Straßen mit Fahrzeugen zu befahren. Bitten Sie sie, sich in freundlichem Ton über die Weiterfahrt zu einigen, wenn sie einander an einer Kreuzung begegnen. Machen Sie es ihnen am besten einfach vor.

- Lassen Sie die Kinder während ihrer Zeit in der Gruppe nach Herzenslust die Straßen erkunden und mit den Autos spielen.

Für 24–36 Monate

Auf Eiswürfeljagd

Das fördern Sie:

Feinmotorik, Aufmerksamkeit, Koordination

Das brauchen Sie:

Lebensmittelfarbe, eine Eiswürfelform, Wasser, Zeitungen, große Plastikschüsseln (weiß oder transparent), Würstchen- bzw. Grillzangen, Löffel und Schöpflöffel, kleine Schüsseln

So geht es:

- Füllen Sie die Eiswürfelform mit Wasser. Fügen Sie ein paar Tropfen Lebensmittelfarbe hinzu. Kräftige Farbtöne sind am besten geeignet.
- Legen Sie die Eiswürfelform in die Gefriertruhe. Wenn das Wasser gefroren ist, holen Sie die Form heraus.
- Breiten Sie alte Zeitungen auf dem Boden aus. Füllen Sie eine Plastikschüssel mit Wasser, und stellen Sie sie auf die Zeitungen.
- Geben Sie die farbigen Eiswürfel in das Wasser.
- Lassen Sie die Kinder die Eiswürfel mit Zangen oder Löffeln herausholen, bevor sie schmelzen. Wer mag, darf auch die Hände benutzen.
- Stellen Sie einige kleine Schüsseln für die „gefangenen" Eiswürfel auf.

Bewegen

… zum Sprechen, Fühlen, Entdecken und Bewegen

Für 24–36 Monate

Mit Ball und Zange

Bewegen

Das fördern Sie:

Motorik, Muskulatur, Aufmerksamkeit, Koordination

Das brauchen Sie:

verschiedene Bälle, z.B. Stoff-, Schaumstoff- und Tennisbälle, Würstchen- oder Grillzangen (unterschiedliche Größen), große Löffel, einen Sand-/Wassertisch, ein Seil oder Tuch, Eimer, Körbe und Schachteln

So geht es:

- Legen Sie die Bälle, Zangen und Löffel in den Sand- und Wassertisch.
- Regen Sie die Kinder an, die Bälle mit Hilfe der Zangen und Löffel herauszuholen.
- Diese Aktivität kräftigt die Muskeln der Hände und Finger.

Varianten:

- Ermuntern Sie die Kinder, sich gegenseitig mit den Bällen abzuwerfen. Das ist eine gute Übung für die Grobmotorik.
- Stellen Sie einige Eimer, Körbe oder Schachteln auf, und fordern Sie die Kinder auf, die Bälle hineinzuwerfen.
- Legen Sie mit einem Seil oder einem Tuch eine Linie auf den Boden. Die Kinder versuchen, über die Linie hinauszuwerfen.

Für 24–36 Monate

Reifenwerkstatt

Das fördern Sie:

Motorik, Aufmerksamkeit, Koordination

Das brauchen Sie:

ausgemusterte Fahrradreifen (Mäntel)

So geht es:

- Nehmen Sie Kontakt mit einer Fahrradwerkstatt auf, und bitten Sie sie, ausgediente Fahrradreifen für Sie aufzuheben.

- Reinigen Sie die Reifen gründlich mit einem kräftigen Putzmittel, und trocknen Sie sie. (Es ist nicht ganz einfach, das Innere der Reifen trocken zu bekommen.)

- Sie können langlebige Spielzeuge aus den Reifen machen und sie für eine Vielzahl von Aktivitäten einsetzen. Hier sind einige Beispiele:

    Wenn Sie bei einem Spiel einen Bereich klar eingrenzen müssen (z.B. als Start und Ziel), legen Sie einfach einen Reifen auf den Boden.

    Lassen Sie die Kinder die Reifen rollen. Es macht großen Spaß, sie einen Weg entlangzurollen oder einen Hügel hinunterrollen zu lassen. Außerdem ist dies eine gute Übung für die Koordination von Händen und Füßen.

    Lassen Sie einen Reifen von der Decke oder von einem Balken hängen. Die Kinder werfen weiche Bälle, Sockenbälle, Beanbags oder andere weiche Sachen hindurch.

Bewegen

... zum Sprechen, Fühlen, Entdecken und Bewegen

Für 24–36 Monate

Papiercollage

Bewegen

Das fördern Sie:

Feinmotorik, Koordination, Aufmerksamkeit

Das brauchen Sie:

Selbstklebefolie, Papierfetzen (Geschenkpapier oder anderes buntes Papier)

So geht es:

- Schneiden Sie für jedes Kind ein 30 x 30 cm großes Quadrat aus Selbstklebefolie zu.
- Ziehen Sie das Schutzpapier auf der Rückseite ab, und legen Sie das Quadrat mit der Klebeseite nach oben auf einen Tisch.
- Zeigen Sie den Kindern, wie man Papier zu Streifen und anderen Formen zerreißt und sie auf die Folie klebt.
- Bei dieser Aktivität sind weder Schere noch Klebstoff im Spiel. Daher können sich die Kinder ganz auf die feinmotorischen Fertigkeiten konzentrieren, die beim Reißen und Aufkleben zum Einsatz kommen.

Für 24–36 Monate

Vorsicht, Krokodile!

Bewegen

Das fördern Sie:

Grobmotorik, Aufmerksamkeit, Koordination

Das brauchen Sie:

grüne Stoffreste in unterschiedlichen Qualitäten, Mustern und Farbschattierungen, einen Krokodilumriss, Filzstifte, Klebstoff, eine Schere, einen Jonglierball oder ein kleines Kirschkernkissen

So geht es:

- Bereiten Sie einen „Krokodilsumpf" vor, bevor die Kinder in die Einrichtung kommen. Zeichnen Sie den Krokodilumriss auf 20 bis 30 Stoffstücke, und schneiden Sie die Figuren aus. Malen Sie Augen auf die Krokodilköpfe. Verteilen Sie die Krokodile willkürlich im Raum. Lassen Sie aber Trittstellen für die Kinder frei, sodass sie sich einen Weg zwischen den Krokodilen bahnen können.

- Werfen Sie den Jonglierball auf eine freie Stelle im „Sumpf".

- Bitten Sie eines der Kinder, auf Zehenspitzen den Weg zwischen den Krokodilen entlangzugehen und den Ball zu holen.

- Lassen Sie alle Kinder an die Reihe kommen.

- Noch interessanter wird es, wenn Sie andere Bewegungsarten vorgeben, z.B. hüpfen oder rutschen.

… zum Sprechen, Fühlen, Entdecken und Bewegen

Für 24–36 Monate

Bewegen

Puzzlerennen

Das fördern Sie:

Grobmotorik, Aufmerksamkeit, Koordination, Sozialverhalten

Das brauchen Sie:

große Bögen Fotokarton in 2 unterschiedlichen Farben

So geht es:

- Schneiden Sie aus jedem Bogen Fotokarton jeweils drei einfache Puzzlestücke zu, die zueinander passen.
- Verteilen Sie die Puzzlestücke gut sichtbar in einem großen Raum oder auf einem Platz im Freien.
- Teilen Sie die Kinder zu Paaren ein. Die Paare treten jeweils nacheinander an: Wer von den beiden Partnern als Erster alle Puzzlestücke in einer Farbe eingesammelt und zusammengelegt hat, hat gewonnen.

Tipp:

Ist den Kindern das Puzzle zu einfach, schneiden Sie jedes Puzzlestück noch einmal durch, sodass Sie pro Farbe nun sechs Teile haben.

Für 24–36 Monate

Im Seerosenteich

Bewegen

Das fördern Sie:

Grobmotorik, Aufmerksamkeit, Koordination, Muskulatur

Das brauchen Sie:

Teppichfliesen, Matten oder Kissen (für jedes Kind), eine CD oder Kassette mit lebhafter Musik

So geht es:

- Erklären Sie den Kindern, dass sie sich bei diesem Spiel in Frösche verwandeln, die gerne hüpfen, tanzen und quaken. Die Kinder stellen sich zunächst auf ein „Seerosenblatt" (Teppichfliese). Die Musik beginnt. Während die Musik spielt, tanzen die Kinder durch den Raum. Dabei dürfen sie allerdings nicht auf die Seerosenblätter kommen.

- Nehmen Sie ein Seerosenblatt weg, und stoppen Sie die Musik. Die Kinder müssen sich so schnell wie möglich ein Blatt suchen. Wenn ein Kind kein freies Blatt findet, darf es sich zu einem anderen Kind auf dessen Blatt stellen.

- Erklären Sie den Kindern, dass Sie bei jedem Durchgang ein Blatt wegnehmen und dass sie sich ihr Seerosenblatt mit anderen „Fröschen" teilen müssen. Den Kindern wird es riesigen Spaß machen, sich gemeinsam auf das letzte verbleibende Seerosenblatt zu quetschen!

Das ist wichtig:

In diesem Spiel scheidet niemand aus, sodass es auch keine Gewinner und Verlierer gibt.

... zum Sprechen, Fühlen, Entdecken und Bewegen

Für 24–36 Monate

Bewegen

Nachmacher

Das fördern Sie:

Grobmotorik, Aufmerksamkeit, Koordination, Sozialverhalten, Selbstvertrauen

So geht es:

- Die Kinder stellen sich im Kreis auf.

- Nacheinander gehen sie in den Kreis hinein und machen eine Handlung oder Bewegung vor. Ein Kind klatscht vielleicht in die Hände, hüpft, nimmt ein anderes Kind in den Arm oder spielt „Kuckuck".

- Nachdem das Kind in der Mitte etwas vorgemacht hat, das es kann, machen es die anderen Kinder im Kreis nach.

- Singen Sie dabei zu einer erdachten Melodie:

    Alle, alle machen so,
    machen so, machen so,
    alle machen so wie ich.

- Machen Sie so lange weiter, bis alle die Möglichkeit hatten, in den Kreis zu gehen und etwas vorzumachen. Diese Aktivität hilft Kindern, ohne Scheu im Mittelpunkt des Geschehens zu stehen.

Für 24–36 Monate

Dinotanz

Bewegen

Das fördern Sie:

Grobmotorik, Aufmerksamkeit, Koordination, Sozialverhalten, Selbstvertrauen

So geht es:

- Die Kinder stellen sich im Kreis auf, sprechen mit und machen die dazugehörigen Bewegungen:

  Alle Dinos kommen rein,
  (alle Kinder gehen in den Kreis)

  alle Dinos gehen raus,
  (alle Kinder gehen aus dem Kreis)

  alle Dinos kommen rein
  (alle Kinder gehen in den Kreis)

  und schütteln, schütteln sich.
  (alle Kinder schütteln sich)

  Arme hoch, Arme runter
  (alle Kinder recken die Arme in die Höhe, dann fassen sie die Füße an)

  und dann rundherum im Kreis,
  (alle Kinder drehen sich im Kreis).

  so, so, so geht der Dinotanz, so, so, so geht der Dinotanz!
  (alle Kinder klatschen im Rhythmus in die Hände)

- Denken Sie sich eine einfache Melodie zum Dinotanz aus, und singen Sie mit den Kindern das Dinotanz-Lied. Nehmen Sie ein Rhythmusinstrument dazu, und begleiten Sie damit das Lied, während die Kinder tanzen.

… zum Sprechen, Fühlen, Entdecken und Bewegen

Literatur

Bostelmann, Antje (Hrsg.):
Krippenarbeit LIVE.
Verlag an der Ruhr, 2010.
ISBN 978-3-8346-0599-3

Charner, Kathy; Clark, Charlie;
Murphy, Maureen:
**100 Rituale für die Krippe:
Orientierung und Sicherheit für
den Tagesablauf mit den Kleinsten.**
Verlag an der Ruhr, 2010.
ISBN 978-3-8346-0712-6

Danner, Eva; Vogel, Beate:
Mit Krippenkindern durch das Jahr!
15 kleine Projekte für Kinder unter 3.
Verlag an der Ruhr, 2010.
ISBN 978-3-8346-0718-8

Gopnik, Alison; Kuhl, Patricia;
Meltzoff, Andrew:
Forschergeist in Windeln.
Piper Verlag, 2003.
ISBN 978-3-4922-3538-9

Schäfer, Gerd E.:
Bildung beginnt mit der Geburt.
Cornelsen Verlag Scriptor, 2006.
ISBN 978-3-5892-5373-9

Silberg, Jackie:
**Kleine Spiele zum Großwerden
für 1-Jährige.** Jeden Entwicklungsschritt gezielt begleiten.
Verlag an der Ruhr, 2009.
ISBN 978-3-8346-0468-2

Silberg, Jackie:
**Kleine Spiele zum Großwerden
für 2-Jährige.** Jeden Entwicklungsschritt gezielt begleiten.
Verlag an der Ruhr, 2009.
ISBN 978-3-8346-0469-9

Silberg, Jackie:
**Kleine Spiele zum Großwerden
für Babys.** Jeden Entwicklungsschritt gezielt begleiten.
Verlag an der Ruhr, 2009.
ISBN 978-3-8346-0467-5

Weiler, Tina:
Kribbelverse für Krabbelkinder.
Verlag an der Ruhr, 2010.
ISBN 987-3-8346-0635-8

Verlag an der Ruhr

Postfach 10 22 51
45422 Mülheim an der Ruhr

Telefon 05 21 / 97 19 330
Fax 05 21 / 97 19 137

bestellung@cvk.de
www.verlagruhr.de

Es gelten die Preise auf unserer Internetseite.

■ Krippenarbeit live!
DVD, Buch und Arbeitsmaterialien zum Leben und Lernen mit Kindern unter 3
Antje Bostelmann (Hrsg.)
- **Film**
  DVD mit 70 Min. Spielzeit + 58 Min. Bonusmaterial
- **Grundlagenbuch**
  122 S., 16 x 23 cm, Paperback, farbig
- **Praxismaterial**
  66 S., 16 x 23 cm, Spiralbindung
ISBN 978-3-8346-0599-3
Best.-Nr. 60599
45,90 € (D)/47,20 € (A)/80,40 CHF

■ Guten Morgen, guten Morgen, wir winken uns zu!
Singezeilen für Babys und Krippenkinder
Antje Bostelmann (Hrsg.), Klax gGmbH
74 S., A5 quer, Spiralbindung, farbig, mit Audio-CD
ISBN 978-3-8346-0604-4
Best.-Nr. 60604
16,80 € (D)/17,30 € (A)/29,50 CHF

Materialien für 1- bis 4-jährige Kinder
■ Geschichtensäckchen
Antje Bostelmann (Hrsg.), Klax gGmbH
1–4 J., 97 S., A5 quer, Spiralbindung, farbig
ISBN 978-3-8346-0475-0
Best. Nr. 60475
17,50 € (D)/18,- € (A)/30,70 CHF

■ Kribbelverse für Krabbelkinder
Spiel- und Bewegungsreime zum Wickeln, Essen, Trösten, Lachen
Tina Weiler
71 S., 16 x 23 cm, Spiralbindung, farbig
ISBN 978-3-8346-0635-8
Best.-Nr. 60635
15,50 € (D)/15,95 € (A)/27,40 CHF

Keiner darf zurückbleiben

Verlag an der Ruhr

Postfach 10 22 51
45422 Mülheim an der Ruhr

Telefon 05 21 / 97 19 330
Fax 05 21 / 97 19 137

bestellung@cvk.de
www.verlagruhr.de

Es gelten die Preise auf unserer Internetseite.

Das KrippenKinderKniebuch
■ **Klara kann das schon alleine!**
Mitmachgeschichten, die den Tag begleiten
Petra Bartoli y Eckert, Ellen Tsalos
1–3 J., 18 S., A3, Spiralbindung, farbig
ISBN 978-3-8346-0726-3
Best.-Nr. 60726
21,90 € (D)/22,50 € (A)/38,30 CHF

■ **Spielen mit Kindern unter 3**
Aktionstabletts, Versteckdosen und weitere Spiel- und Materialanregungen
Antje Bostelmann (Hrsg.), Klax gGmbH
94 S., A4, Paperback, farbig
ISBN 978-3-8346-0603-7
Best.-Nr. 60603
19,80 € (D)/20,35 € (A)/34,70 CHF

■ **Mit Krippenkindern durch das Jahr!**
15 kleine Projekte für Kinder unter 3
Eva Danner, Beate Vogel
1–3 J., 96 S., A4, Paperback, farbig
ISBN 978-3-8346-0718-8
Best.-Nr. 60718
17,80 € (D)/18,30 € (A)/31,20 CHF

■ **100 Rituale für die Krippe**
Orientierung und Sicherheit für den Tagesablauf mit den Kleinsten
Kathy Charner, Charlie Clark, Maureen Murphy
1–3 J., 112 S., 16 x 23 cm, Paperback
ISBN 978-3-8346-0712-6
Best.-Nr. 60712
16,80 € (D)/17,30 € (A)/29,50 CHF

Keiner darf zurückbleiben